A
GESTÃO ÉTICA,
COMPETENTE
E CONSCIENTE

CB048896

A GESTÃO ÉTICA, COMPETENTE E CONSCIENTE

TRIBUTO À MEMÓRIA DE E.F. SCHUMACHER

Messias Mercadante de Castro
Lúcia Maria Alves de Oliveira

M. Books do Brasil Editora Ltda.

Rua Jorge Americano, 61 - Alto da Lapa
05083-130 - São Paulo - SP - Telefones: (11) 3645-0409/(11) 3645-0410
Fax: (11) 3832-0335 - e-mail: vendas@mbooks.com.br

Dados de Catalogação na Publicação

Mercadante de Castro, Messias e Alves de Oliveira, Lúcia Maria
A Gestão Ética, Competente e Consciente/ Messias Mercadante de Castro e Lúcia Maria Alves de Oliveira
2008 – São Paulo – M.Books do Brasil Editora Ltda

1. Ética   2. Administração   3. Filosofia

ISBN: 978-85-7680-028-6

EDITOR: MILTON MIRA DE ASSUMPÇÃO FILHO

Assessoria Editorial:	Douglas Tufano
	Roberta Pedroso A. de Oliveira
	Mauro Meirelles de Oliveira Santos
Produção Editorial:	Salete Del Guerra
Copidesque:	Cláudia Mello Belhassof
Revisão de Texto:	Cristina Moratto
Coordenação Gráfica:	Silas Camargo
Editoração e Capa:	Revisart

É preciso uma enorme soma de trabalho honesto
para reconstruir a real sabedoria.
E eu me refiro a uma sabedoria tal que
nenhuma civilização real pode existir sem ela,

E que agora precisa se apresentar
com um novo dialeto.

Na verdade, não há suficientes "sinais dos tempos"
para indicar que uma nova partida se faz necessária?

E. F. SCHUMACHER

Agradecimentos

Agradecemos, primeiramente, ao Poder Superior por nos haver criado, nos dado forças para superar adversidades e estarmos aqui.

Agradecemos aos nossos saudosos pais que possibilitaram nossas vidas e nos transmitiram sábias e inesquecíveis experiências.

Agradecemos aos filhos, críticos amorosos, nos quais depositamos nossas esperanças de um mundo melhor.

Agradecemos aos nossos companheiros de jornada, sempre pacientes e dispostos a nos estimular.

Agradecemos aos amigos aos quais recorremos, às vezes com abusada freqüência, para esclarecimentos e colaborações.

Agradecemos, de modo especial, ao prof. Henrique Rattner por suas valiosas informações e orientações.

E, finalmente, reverentes agradecemos ao nosso mestre inspirador E. F. Schumacher, que nos fez compreender a beleza essencial do que é pequeno e cuja sabedoria transita livremente, com premeditada intenção, nestas páginas.

À sua memória dedicamos com especial admiração este trabalho.

Prefácio

Alegra-me introduzir o leitor a uma obra que se inscreve na tendência de reação contra a desumanização da economia, risco que adquiriu contornos assustadores com a globalização dos últimos 20 anos. O gigantismo esmagador das empresas transnacionais, a subordinação de tudo ao chamado "valor para o acionista" ameaça-nos com um tipo de economia na qual a concorrência desenfreada tritura os mais débeis e eleva a busca da eficácia e de lucro a valores absolutos, não subordinados a nenhuma consideração superior.

O texto de Messias Mercadante de Castro e Lúcia Maria Alves de Oliveira convida a uma ampla reflexão acerca dos efeitos perniciosos de um gênero de capitalismo distorcido, pensado e praticado ainda na base do *laissez-faire* absoluto e da busca imoderada da acumulação ilimitada e concentradora da riqueza.

Os autores questionam com argumentos convincentes os modelos de gestão que reduzem o ser humano a um simples fator de produção, capaz de ser expresso em número de unidades, como qualquer outro fator de produção (terra e capital).

Ao valorizarem a importância do ser humano dentro do processo produtivo e, particularmente, de sua formação, destacam que essa formação não pode limitar-se ao aspecto técnico, isto é, à capacidade de interagir com uma tecnologia cada vez mais sofisticada. Ela deve igualmente abranger a moral e a ética não exclusiva, mas fundamentalmente, a ética cristã.

Chamam assim, a atenção para a necessidade de que se desenvolva visão integral de um ser humano pleno e harmonioso, dotado de dimensões físicas e racionais articuladas de modo inseparável com as dimensões emocionais e espirituais. A inspiração de tal abordagem é semelhante à filosofia cristã do "humanismo integral" de Jacques Maritain e do movimento "Economia e Humanismo" do saudoso Padre Joseph Lebret, correntes de pensamento e de ação que se definiam e definem como estando a serviço da "promoção de todos os homens e do homem como um todo", isto é, do ser humano integral.

A partir dessas considerações, os autores defendem o modelo da "Empresa consciente", como proposta de evolução coerente com as necessidades deste início de século, voltada não apenas para a busca de lucro, mas, sobretudo, para a promoção do bem-estar, da redução das desigualdades, da responsabilidade social e do equilíbrio ambiental.

Embora mais diretamente inspirados nas idéias do clássico livro *Small is beautiful,* de E. F. Schumacher, a obra foi enriquecida por influências de outras fontes importantes entre as quais Fritjof Capra, Hazel Henderson, Ken Wilber, Peter Drucker, Ignacy Sachs, Amartya Sen, sem mencionar os autores brasileiros.

Estou convencido de que a publicação de obra como esta não poderia ser mais oportuna e que ela ajudará a dar um sentido humanizador às transformações pelas quais passa a economia brasileira nesta hora.

Embaixador Rubens Ricupero

Sumário

Introdução

Quando o homem souber conciliar sua vontade com a de Deus, neste dia ele não será mais escravo e sim senhor das leis que governam a vida...

TOYNBEE

Em nossa efêmera e, ao mesmo tempo, longa existência, dar um real sentido à vida é condição primordial para se buscar e — talvez — encontrar a felicidade.

Dar sentido à vida significa definir rumos e caminhos construtivos que fortaleçam realizações pessoais e profissionais.

Escrever um livro é um dos múltiplos caminhos, nem sempre de fácil concretização. Consiste, muitas vezes, em verdadeiro desafio.

Na vida, compartilhar idéias e vontades, dividir tarefas e somar esforços quase sempre traz como resultado a construção de algo novo, na conquista de objetivos bem determinados e no crescimento pessoal.

Nossas linhas retratam essa reflexão.

Enquanto pensávamos, distantes e individualmente, nas possibilidades de registrar experiências vividas, percepções desenvolvidas em nossos relacionamentos e decisões estabelecidas nas empresas em que atuamos, sentíamos a presença de "uma idéia latente" prestes a se configurar.

Quase ao acaso, em um encontro imprevisto na primavera de 2003, unimos idéias e decidimos a parceria que veio formalizar nosso projeto, ao qual dedicamos especial atenção durante os quase quatro anos seguintes.

No decorrer desse empreendimento, surgiram, naturalmente, pequenas e oportunas divergências que, uma vez equacionadas, converteram-se em valiosa amplitude cognitiva; de nosso consenso emergiu uma visão existencial de maior abrangência e lucidez, à qual se aliaram experiências pessoais e fontes inspiradoras das quais nos valemos nesta produção.

A gestão ética, competente e consciente — Reflexões sobre comportamentos empresariais — é um pequeno manual que convida à reflexão e tem como fonte primordial de inspiração o pensamento do economista, filósofo e precursor ecológico britânico E. F. Schumacher.

Nosso objetivo, nestas linhas, é sensibilizar não somente empresários, administradores e seus colaboradores, mas também leitores interessados em apoiar e envolver-se em processos alternativos comportamentais bem-intencionados e factíveis.

Mesclando assuntos econômicos, filosóficos e religiosos, nossa intenção é provocar reflexões que estimulem referências éticas mais abrangentes, seja nas atuações profissionais ou nos relacionamentos sociais e familiares.

Vamos enaltecer sim, sem restrições ou pejos acadêmicos, a importância do sentimento amoroso em seu aspecto mais amplo e significativo na história humana. Com essa intenção, minimizaremos nossas recorrências ao jargão econômico, do qual nos valeremos esporadicamente quando julgarmos imprescindível.

Embora reconheçamos a validade das metodologias aplicadas como ferramentas indispensáveis para avaliações e mensurações científicas dos fatos, pretendemos deixar de lado o rigor acadêmico e priorizar, em nosso discurso, valores qualitativos como o bom senso, a sensibilidade, a intuição e as evidências dos comportamentos econômico-administrativos que retratam fielmente, a olho nu, a tortuosa trajetória atual do mundo dos negócios, ou seja, seu aspecto ganancioso e obsessivo de apego ao lucro e um persistente menosprezo pelas causas de ordem social ou formação espiritual.

Na verdade, nossa ênfase, a exemplo de São Tomás de Aquino, é buscar a conciliação da razão com a fé, pois o homem não se mantém apenas com o pão.

Pretendemos colaborar no sentido de estabelecer conexões — que acreditamos possíveis e necessárias — para configurar novos conceitos administrativos e comportamentais, nos quais haja espaço suficiente para incorporar, aos desempenhos profissionais e pessoais, valores espirituais significativos.

Grande é também nosso empenho em demover alegações tendenciosas como a de se atribuir a determinadas religiões uma ilegítima aversão generalizada ao lucro, quando, na verdade, o que sempre se combateu religiosamente foram as imoralidades progressivas da concentração da riqueza em poucas mãos, e não os lucros honestamente adquiridos.

Este, e tantos outros juízos depreciativos e maldosamente distorcidos, endereçados principalmente à religião ocidental de maior expressividade — o cristianismo — são imerecidos e carecem de maiores fundamentos teológicos por parte de seus opositores.

Uma avaliação meticulosa do assunto torna evidente a importância da influência dos princípios éticos (que remontam às religiões) para estabelecer regras de conduta e soluções nas desavenças humanas.

Como bem observou o escritor Vamberto Morais, em seu livro "A religião do Terceiro Milênio": *Há muitos sintomas de crise e falta de fé, de uma profunda angústia existencial, mas nenhum sinal de que a religiosidade esteja em vias de extinção.*

As grandes correntes religiosas podem, talvez, não compreender a fundo a economia, nem para essa finalidade foram instituídas, mas tudo sabem sobre as questões do espírito, seus anseios e necessidades.

As críticas de cunho religioso endereçadas ao acúmulo de dinheiro condenam especialmente fortunas oriundas de meios ilícitos e corruptos, cada vez mais divulgados e reconhecidos publicamente, e a insensibilidade de muitos afortunados diante da trágica miséria global.

O homem despojado de suas grandezas espirituais e encarado de forma reducionista, apenas como um animal bípede, fruto de uma mera evolução de espécies, confinado em um planeta perdido no espaço, reduz nossa espécie a uma avaliação muito empobrecida de suas missões terrenas.

Não nos identificamos como estudiosos profundos ou intransigentes defensores de qualquer fundamentalismo religioso, mas nossas reflexões sobre a evolução acelerada de injustiças sociais nos incitam a garimpar caminhos alternativos e mais sensatos para nosso viver.

Em nossa caminhada, visualizamos, então, uma perspectiva inusitada abrindo possibilidades para a inclusão de novos valores às avaliações econômicas e despontando como fonte virtual e enriquecedora prestes a nos guiar nesse empreendimento. Estamos nos referindo às considerações contidas nas argumentações "metaeconômicas" desenvolvidas por Schumacher em sua obra "O negócio é ser pequeno" (tradução do *best-seller* "Small is beautiful").

Essa idéia conciliatória entre negócios e espiritualidade nos desponta como uma oportuna e ansiosamente pretendida alternativa.

Portanto, além de nossas experiências profissionais e observações pessoais, muitas das inserções de natureza econômica, filosófica, ética e espiritual que compõem estas linhas nos foram inspiradas por incansáveis e deleitosas leituras das obras de Schumacher. Nesse nome mundialmente consagrado e respeitado, reconhecemos a inteligência brilhante, a rara habilidade de articulações críticas solidamente fundamentadas, a lucidez e a perspicácia, aliadas a uma ferrenha discordância com a ortodoxia econômica.

Outros nomes expressivos e inspiradores somam-se também em comunhão de intenções e serão oportunamente mencionados em nossas páginas.

Assim direcionado, nosso pensamento enfatiza a responsabilidade social do empresário, sua atenção com a sociedade, com a comunidade e a natureza na qual se insere sua empresa, acenando-lhes com algumas propostas e opções inovadoras e desafiadoras para bem conduzir seus empreendimentos, atingir seu legítimo sucesso e realização pessoal sem incorrer em tentações egoísticas de valer-se abusivamente de sua posição de comando em benefício próprio.

Sua atuação, sob essa nova ótica, deve demonstrar transparência, ética e compromisso social, somados à preocupação inicial de gerar lucros.

Algumas histórias curiosas coletadas em várias fontes e alguns relatos reais de procedimentos administrativos, corretos ou não, complementam essas páginas a título de ilustração. São considerações úteis como ponto de apoio e orientação para reflexões e procedimentos decisórios, servindo também como alerta de erros e omissões que podem causar futuros malogros nos negócios.

Dedicamos um capítulo para abordar alguns problemas específicos de gestão na empresa familiar, considerando-se a sua expressividade social no cenário produtivo como importante foco gerador de empregos e riqueza.

Por sua reconhecida atualidade, enfatizamos também temas relacionados ao envolvimento ético-ambiental das empresas, o recente amadurecimento das questões de responsabilidade social (RSE) e com a vigilância crescente dos atuais *stakeholders*.

Nossa proposta, uma vez somadas todas essas questões, nos levou a esboçar o modelo empresarial que passaremos a denominar *empresa consciente*.

Também como parte de nosso objetivo, tentaremos despertar atenções para o reconhecimento das complexas relações que entrelaçam as atividades econômicas e administrativas ao nosso viver cotidiano, em mútuas e múltiplas influências. Por essa razão, inserimos algumas questões provocativas com o intuito de induzir o leitor a repensar comportamentos não direcionados apenas aos negócios e à economia, mas dando ênfase especial à importância de valores éticos, que hoje já apontam para uma revitalização nas atuações humanas.

Talvez, o que pode ser considerada, a princípio, uma exagerada simplificação da complexidade econômica (criticada aqui em sua presunção de promover-se como uma nova crença) represente uma maneira inusitada de abordagem que, certamente, intelectuais intolerantes insistirão em menosprezar.

Mas nosso pensamento persiste na busca do método que nos pareça conveniente para a junção harmônica de matéria e espírito e nos aproxima de Fernando Pessoa, quando diz:

> *O mais do que isto*
> *É Jesus Cristo,*
> *Que não sabia nada de finanças*
> *Nem consta que tivesse biblioteca...*

Essas palavras, em tom ligeiramente jocoso, deixam transparecer, contudo, a incontestável maturidade do poeta e encerram um valioso significado.

Pessoalmente, não nos julgamos deuses oniscientes, desprovidos de apegos materiais: admitimos humana e humildemente limitações e fragilidades que nos exigem freqüentes recorrências materiais para suprir necessidades.

Diante dessas características humanas que nos irmanam, esperamos que as idéias, pesquisas e esforços aqui registrados possam converter-se em úteis ferramentas para sugerir uma convivência harmônica e afetuosa, não circunscrita ao universo empresarial, mas, também, identificada nas atuações de todos nós, agentes sociais, em nossas múltiplas atividades.

E que as nossas aspirações de transformar experiências profissionais, acadêmicas e pessoais nesta modesta contribuição possam solidificar caminhos mais generosos, providos do necessário suporte espiritual, para conduzir ao pleno sucesso e relevar a justiça social na comunidade globalizada em que estamos inseridos.

O Mundo das Empresas

... o Estado e o mercado existem para servir o homem e não o contrário.

RUBENS RICUPERO

Muito mais do que uma simples unidade de negócios, qualquer empreendimento industrial, comercial, de serviços ou de agronegócio constitui um centro de poder de decisão e atuação de agentes cujas ações interferem na vida econômica e social do país.

Uma empresa estabelecida demonstra que investidores e empreendedores observaram os três problemas econômicos fundamentais e interdependentes de qualquer sociedade econômica: (1) o quê e em que quantidade produzir e comercializar ou que espécie de serviços prestar; (2) como viabilizar suas intenções; e (3) para que público consumidor específico.

Para que empreendimentos se tornem economicamente viáveis, é necessária a presença de fatores produtivos conjugados, representados por capital, trabalho e recursos naturais. Avaliadas e equacionadas essas questões e cumpridas todas as exigências formais específicas de cada atividade, a empresa estará apta para atuar no mercado, e sua sorte e desafios estarão lançados.

Geralmente, os iniciadores de negócios, movidos por um legítimo desejo de progresso, concentrando para isso seus esforços e dedicação, defrontam-se, logo de início, com complexidades mercadológicas e burocráticas, além de uma globalizada e forte concorrência.

No caso brasileiro, em que as determinações macroeconômicas estatais interferem nos empreendimentos privados, são visíveis as barreiras permanentemente impostas a novos empreendimentos, caracterizadas pelo moroso sistema burocrático e os pesados tributos.

Isso desestimula o interesse de investidores e empreendedores, incentiva a informalidade ou, ainda, o que é pior, direciona os interesses para aplicações alternativas e mais compensadoras de especulação financeira.

Desafiando esses primeiros impasses e mantendo-se fiéis aos seus ideais, empreendedores obstinados defrontam-se ainda com: (1) um quadro desalentador do sistema financeiro de severa inibição de créditos; (2) imposições de juros estratosféricos; e (3) a quase imposição de se manterem na informalidade, condenando uma grande parcela da massa trabalhadora a abrir mão de garantias sociais em virtude dos altos custos que esses encargos representam nos desembolsos empresariais.

Como insistir e sobreviver neste cenário de tamanha hostilidade?

Pressionados por essas múltiplas dificuldades, é possível apostar no futuro desenvolvimento do setor produtivo nacional e visualizar perspectivas de sucesso no universo empresarial?

A união desses fatores negativos direciona espontaneamente as empresas a uma conduta em que a ética e as responsabilidades socioambientais, em seus sentidos mais amplos, encontram pouco espaço para introduzirem-se como valores complementares e colaborativos.

Para instalar-se e prosperar, um negócio às vezes é obrigado a adotar, estabelecer e "crescer" valendo-se de comportamentos duvidosos e questionáveis que o descaracterizam e o tornam impossibilitado de converter-se em uma Empresa Consciente, conforme sugerida no Capítulo 6.

Munidos, porém, de uma considerável dose de otimismo, cremos que: *Uma coisa só é impossível até que alguém duvide e acabe provando o contrário*, como disse Albert Einstein. Concordamos com o mestre da ciência. Apenas consideramos impossível obter boas realizações quando o homem assume o papel de senhor daquilo que não lhe coube construir com seu próprio talento e danifica com descuido a divina e mágica Natureza.

"Milagres" no Universo Empresarial

Ainda que acreditando na capacidade criativa e produtiva do ser humano, não nos arriscamos a afirmar que o universo empresarial seja porto seguro no qual se possa ancorar com muita facilidade.

Embora os períodos iniciais da industrialização tenham se caracterizado como um período de respeitável nascedouro de grandes fortunas, esses "milagres" hoje ocorrem quando um negócio incorpora em sua criação significativas tecnologias avançadas e apropriadas, desenvolvimentos de novos produtos de grande impacto de demanda no mercado ou é resultante de fusões que nem sempre concedem privilégios para todas as partes envolvidas.

Não devemos omitir também certos exemplos no universo empresarial em que alguns "desempenhos milagrosos" altamente rentáveis, nascidos de favoritismos às vezes de cunho político, propiciam "progressos" artificiais de alguns empreendimentos, envolvendo ações corruptas em prejuízo de uma concorrência bem intencionada.

Nas atividades em que já se encontra instalada uma robusta concorrência, o progresso de qualquer investimento privado e legítimo demanda esforço redobrado, trabalho e gestão competente para instalar-se, conquistar espaço e estabelecer-se definitivamente.

Hoje, como já ressaltamos, as origens das grandes fortunas mudaram seu centro de probabilidades imediatas para as grandes apostas no cassino global da especulação financeira, muitas vezes isentas de quaisquer controles e regulamentações.

Todavia, apesar do apelo dessa ciranda financeira reservada a um público privilegiado, muitas empresas, quando bem constituídas, ainda mantêm a importância de seu papel dentro da economia como estruturas fundamentalmente lícitas e geradoras de riquezas e, nesse universo, registram-se fatos interessantes.

Por exemplo, muitas vezes questiona-se o motivo pelo qual empresas semelhantes, produzindo e comercializando os mesmos bens, com as mesmas características e idênticas oportunidades de mercado, atingem resultados diversos — enquanto umas atingem êxitos, outras definham e desaparecem. Mera casualidade? Seguramente, não.

Apesar das imposições econômicas e seu jogo instituído de ganhar ou perder, uma empresa pode superar alguns obstáculos quando estes estão ligados a questões internas de gestão.

Em qualquer empreendimento, os objetivos atingidos são frutos de ações racionais, complementadas por uma interferência intuitiva (nem sempre perceptível), que garantem à atividade produtiva um desempenho eficiente e o retorno almejado.

Não há empresa que prospere apenas com espasmos de competência ou que seja classificada como "empresa mais ou menos competente".

Do mesmo modo, não basta somente a visão estratégica de um foco promissor; é preciso complementá-la com ações relacionadas ao "mercado" para garantir seguras posições junto aos consumidores e investir criteriosamente no aperfeiçoamento de processos, pessoal e equipamentos para difundir sua marca com uma boa imagem e atingir os resultados almejados.

Como acreditamos na validade de uma abordagem sistêmica, na qual fatores econômicos, sociais e éticos interagem e devem ser igualmente valorizados, não podemos desprezar as influências macroeconômicas que interferem nos negócios e, às vezes, são responsáveis pelo seu sucesso ou fracasso.

Uma Audaciosa Ruptura

Vivemos hoje o momento decisivo de romper com modelos antigos, como propõe Hazel Henderson: *As ferramentas de avaliação (quer do passado, quer do presente) baseadas em modelos macroeconômicos, e usadas para medir "sucesso" econômico e empresarial, estão hoje obsoletas, a julgar pelos pontos de vista da justiça global, do desenvolvimento humano, da conservação ambiental e da administração de recursos*[1].

Aliado aos fatores econômicos, o grande desafio atual dos negócios é, sem dúvida, a introdução progressiva e a sedimentação de princípios éticos nas empresas que, como veremos nas páginas seguintes, provêm das Regras de Ouro religiosas, há muito distanciadas do universo empresarial.

O renomado físico Fritjof Capra, valioso inspirador de nossa visão sistêmica, assim refere-se a esse distanciamento: *Atitudes e atividades que são altamente valorizadas nesse sistema (econômico) incluem a aquisição de bens materiais, a expansão, a competição e a obsessão pela tecnologia e ciência pesadas. Ao atribuir excessiva ênfase a esses valores, nossa sociedade encorajou a busca de metas perigosas e antiéticas e institucionalizou muitos dos pecados mortais citados pelo cristianismo: a gula, o orgulho, o egoísmo e a ganância*[2].

Combatidos pela religião, esses pecados mortais, contudo, passaram a integrar naturalmente as atuações humanas em seus procedimentos e atitudes materiais.

Tais fatores provocaram o hábito de uma visão empobrecida nas empresas, focada exclusivamente em resultados financeiros, desprezando aspectos importantes, não ligados diretamente à obtenção do lucro, como harmonia, solidariedade, respeito humano, cooperação, e... sentimentos amorosos. Enfatizamos mais uma vez nosso propósito de colaborar na introdução de valores espirituais para estabelecer um processo mais ético e socialmente responsável na condução dos negócios e um rompimento com modelos que valorizam exclusivamente aspectos econômico-financeiros.

Falando de Sucesso

Temos notado que a literatura atual, direcionada para negócios e empresas, enfatiza com muita freqüência a palavra-chave "sucesso". Esse termo, comumente inserido em títulos ou subtítulos, funciona certamente como chamariz para garantir "sucesso" de vendas. Às vezes, são títulos superficiais, sem valor ou propostas inovadoras, mas que rendem bons dividendos, à simples menção do termo mágico "sucesso".

Mas o Que é "Sucesso"?

Tratando-se de atividades empresariais e seus executivos, geralmente sucesso traduz idéias de "resultado lucrativo" ou "ascensão profissional e social", normalmente reconhecidos e apreciados como únicas motivações para objetivos empresariais e, nesse caso, o conteúdo da famosa palavra está sujeita a algumas críticas.

Metas mais elevadas, como envolvimentos sociais, responsabilidades ambientais ou relacionamentos mais fraternos e menos competitivos não são convenientemente abordados e levados a sério no mundo dos negócios nem medidos estatisticamente, porque estão acima de qualquer quantificação.

O "sucesso" limita as fronteiras da ética empresarial por não trazer consigo relações com respeito humano, paz e felicidade, pois "sucesso" em si, nesse caso, pode significar apenas o "resultado feliz" de poder financeiro, aumento de capital e propriedades, expansões físicas ou acessos gradativos a altos postos de comando.

Schumacher coloca a questão de *saber se a "modernização", tal como praticada presentemente sem levar em conta os valores religiosos e espirituais, está realmente produzindo resultados agradáveis*[3] e trazendo bem-estar geral.

Enquanto em nossos relacionamentos humanos a sabedoria nos exorta ao amor a nossos semelhantes, uma voz insidiosa nos sugere esquecer o próximo e encher os próprios bolsos. Infelizmente, a segunda alternativa prevalece e estimula a ganância sem sentido.

Ao optar por esse perigoso atalho, estamos nos direcionando, como alerta Giannetti, *para duas classes fundamentais: a dos que não comem e a dos que não dormem*[4], porque o número de famintos tem aumentado de forma expressiva no mundo e, certamente, os bem-sucedidos e endinheirados estão hoje à mercê de assaltantes e bandidos.

Abrindo um parêntese: que tal refletirmos sobre as origens da criminalidade? Recordemos apenas uma máxima esclarecedora: *Se educássemos os jovens, não precisaríamos punir os adultos.* E, assim, matamos a charada.

Schumacher, em "O negócio é ser pequeno", pondera: *Um homem movido pela cobiça ou inveja perde a capacidade de ver as coisas como realmente são, de vê-las em sua plenitude e integridade, e seus próprios sucessos viram derrotas.*

E, voltando ao nosso assunto, indagamos: é possível inserir virtudes, justiça e igualdade no mundo dos negócios ou, em última instância, na economia? Como diz Comte-Sponville, *não se poderia sonhar nada melhor. Mas, por qual milagre*, prossegue ele, *a economia poderia conseguir isso? Seria o ideal*[5]. Mas o referido autor não acredita nessa almejada possibilidade.

No final do século 20, Michael Novak, o autor reconhecido como idealizador de uma teologia do capitalismo, preocupado com essa questão, empenhou-se na *busca religiosa, na busca moral em todas as esferas*, destacando como *um campo relativamente novo o da ação recíproca da teologia e da economia*[6]. Essa preocupação — que também é nossa — está aos poucos se disseminando, encontrando novos adeptos e se incorporando gradativamente ao discurso econômico e administrativo.

Saber cuidar e realmente expressar sucesso integral e sistêmico no universo empresarial exige um envolvimento amplificado das manifestações humanas nas suas mais variadas atuações e influências recíprocas — e não deve, de modo algum, ser desprezado nas referências empresariais.

O professor Srikumar Rao, que ministra na universidade de Columbia (EUA) um curso preparatório para o verdadeiro sucesso (classificado por muitos como MBA de auto-ajuda), constata: ... *há dezenas e dezenas de empresas fundadas por pessoas que estão profundamente insatisfeitas com táticas empresariais baseadas na exploração cruel. Elas estão se reunindo entre si e com empreendedores sociais para criar paradigmas comerciais novos e mais humanos. Resta saber qual deles emergirá como um novo consenso. Você está convidado a aderir à revolta*[7].

As razões do "sucesso" ou malogro das empresas nem sempre se limitam, portanto, às suas manobras internas, pela sujeição a influências externas, e necessitam da co-participação de agentes sociais para compor um novo caminho com "feição humana", como já propunha Schumacher.

No decorrer de nossas avaliações, tais fatores serão oportunamente abordados.

Sob a Inspiração de Schumacher

Desde 1977, sucessivas edições em português do livro "O negócio é ser pequeno" ("Small is beautiful", de E. F. Schumacher) — considerado entre os cem melhores livros de influência publicados desde a Segunda Guerra Mundial (Suplemento Literário do *London Times*, outubro de 1995) — possibilitaram entre nós o acesso de um maior número de leitores às suas idéias, divulgando a consciência de um novo enfoque econômico e de gestão administrativa.

Em suas linhas convincentes, Schumacher soube, com refinada maestria, conciliar sabedoria, sensibilidade e tradições espirituais com dados estatísticos e frios raciocínios numéricos, contrapondo-se à noção corrente de considerá-los como pólos opostos e irreconciliáveis ou alternativas que se excluem e que jamais se complementarão.

Inspirando-se em extensas pesquisas, em 1971, com a maturidade alcançada, ele adotou uma crença religiosa. A esse respeito, nos diz sua filha Bárbara Wood, consagrada romancista, que o pai havia *finalmente atingido o sossego depois de uma longa e agitada procura*[8]. Essa inusitada conciliação fez dele um autor mundialmente conhecido e apreciado como um guru da economia.

A segunda obra de Schumacher, um clássico de cunho filosófico, intitulada "Um guia para os perplexos" (1977), foi reconhecida como a melhor fonte para o conhecimento da Grande Cadeia do Ser, por Ken Wilber, nome contemporâneo e de grande expressividade na área de estudos filosóficos e espirituais. Essa valiosa afirmação foi coletada nas páginas de sua obra "Espiritualidade integral".

Consideradas, pois, a seriedade, a perspicácia e a veracidade contidas nas sábias articulações de Schumacher, extremamente válidas para direcionar novos caminhos, justificamos mais uma vez nossas constantes e intencionais recorrências às suas obras.

Assim, nas páginas seguintes, muitas das proposições e conceitos do mestre inspirador nos estimulam e direcionam nossas propostas. Ao final de cada capítulo, a título de complementação, destacamos algumas de suas idéias endereçadas aos leitores para valiosos exercícios de reflexão pessoal.

Essa opção eleita como matriz inspiradora não representa, absolutamente, um comodismo intelectual de escassas ou superficiais pesquisas, mas reforça nossa convicção de que nenhum outro autor soube manifestar com tamanha propriedade, em passado recente, a urgência de uma reaproximação de todas as vivências humanas com os tradicionais valores espirituais quando se busca a plena realização humana.

Além desse viés espiritual, os números econômico-sociais dos quais ele se valeu para tecer comentários perspicazes há trinta anos, uma vez atualizados, comprovariam que os temas abordados e criticados em suas linhas não apresentaram melhorias evolutivas; pelo contrário, alguns deles atingiram níveis mais assustadores. Estamos nos referindo, por exemplo, ao extravagante consumo de energia nos países desenvolvidos, à evolução dos estados de pobreza globais, à triste realidade do desemprego crescente, marginalizando milhares de pessoas e ao descaso com questões ecológicas e espirituais.

Seria interessante uma releitura de suas idéias para reconhecer que os caminhos sugeridos por ele como forma eficaz de superar essas mazelas foram consagrados por mentes conscientes e predispostas a mudanças e que permanecem fiéis aos seus princípios. Mas a grande maioria optou pela trajetória imposta pelo sistema capitalista do gigantismo e da concorrência selvagem, emaranhada em interligações cada vez mais conflitantes.

Nas questões tecnológicas, coube a ele participar do grupo responsável pela introdução do conceito da Tecnologia Intermediária que inspirou muitos países em desenvolvimento e desprovidos de recursos para grandes investimentos de capital e abundante mão-de-obra a desenvolverem projetos simplificados e socialmente inclusivos.

Com rara felicidade, identificamos em suas obras a perfeita sintonia com nossos pensamentos, e não podemos discordar de suas palavras de declarada espiritualidade: *Ainda temos que aprender como viver em paz, não só com nossos semelhantes, mas também com a natureza e, principalmente, com aqueles Poderes Superiores que fizeram a natureza e nos fizeram a nós; pois com certeza não surgimos por acidente nem nos fizemos a nós mesmos*[9].

Essa constitui a idéia-chave que, adicionada a outras tantas afirmações de declarada espiritualidade e sabedoria, despertou-nos profunda admiração.

O caminho proposto por Schumacher é desafiador: em virtude de sua corajosa abordagem e projeto de vida, foi considerado, em sua época, juntamente com o autor Leopold Kohr (inspirador para o título de seu livro "Small is beautiful"), como dois "excêntricos"[10].

O próprio Schumacher se refere a isso em uma conferência na Suíça: *existem pessoas que são freqüentemente chamadas, ou eram chamadas, de excêntricas, que sabem como produzir alimento suficiente e se manter saudáveis sem qualquer método violento*[11].

Eis aí um ligeiro e inicial perfil de nosso saudoso e bem-humorado mentor.

Nossas Argumentações

Correndo o risco de sermos igualmente tachados como prováveis excêntricos, acreditamos que nossas argumentações críticas poderiam ser menosprezadas como futilidades de pouca valia e nossas propostas facilmente refutadas, se a "magnífica" trajetória de ênfase materialista em curso, adotada por muitos autores e condutores políticos ou empresariais, nos estivesse conduzindo para caminhos tranqüilos de maiores realizações, bem-estar coletivo e felicidade. Mas, como não é isso que a realidade demonstra, somos obrigados a admitir a presença de falhas implícitas em seu contexto.

Henrique Rattner, em seu livro "O resgate da utopia", tece o seguinte comentário: *A realidade ao nosso redor é bem diferente: uma dinâmica "perversa" do sistema econômico induz uma polarização intensa e crescente entre riqueza, poder e acesso à informação nas mãos de poucos, e a miséria, ignorância e marginalidade de muitos, dentro e entre as sociedades, distanciando-nos cada vez mais da tão almejada fraternidade e solidariedade dos povos, em uma nova ordem mundial.*

Don Tapscott e David Ticoll, em "A empresa transparente", confirmam: *A riqueza global está aumentando, mas a disparidade de renda está cada vez maior — tanto entre países como dentro de cada país. Mais de 4,5 bilhões de pessoas são pobres (com um poder de compra inferior a 3.470 dólares por ano).* Dados importantes sobre distribuição de renda, notadamente em países desenvolvidos, são abordados em esclarecedora leitura do Capítulo 2 do livro "O sonho europeu", de Jeremy Rifkin.

Essas e outras importantes constatações nos encorajam a prosseguir na cruzada em prol de comportamentos sociais e empresariais mais solidários, pois, enquanto uns poucos desfrutam de luxos escandalosos, bilhões vivem na miséria, e a mortalidade pela fome é, ainda hoje, uma cruel realidade global.

Os problemas decorrentes da postura econômica alheia a valores espirituais demonstram tal complexidade que encobre as fontes de sua ineficiência social: ganância, cobiça e egoísmo — males provindos da cisão material-espiritual[12].

Schumacher, no epílogo de "Um guia para os perplexos", reflete com convicção: *O homem fechou os portões do Céu contra si mesmo e tentou, com imensa energia e ingenuidade, limitar-se à Terra. Agora está descobrindo que a Terra é apenas um estado transitório, de forma que uma recusa de buscar o Céu significa uma descida involuntária ao Inferno.*

Hoje, podemos contar com uma expressiva quantidade de títulos direcionados para assuntos econômicos estruturados em sólidos princípios espirituais preenchendo espaços em boas livrarias e apontando caminhos conciliadores entre ciência e religião, repletos de fé e esperança[13].

Um nome importante entre os pensadores contemporâneos dedicados ao assunto é o filósofo Ken Wilber, cuja proposta fundamental é integrar todas as áreas de conhecimento (ciência, arte, ética e espiritualidade) para facilitar a evolução humana. Suas obras, mundialmente difundidas, são objeto de estudos e divulgação no Brasil pelo professor Ari Rainsford, Doutor em Engenharia Nuclear e Mestre em Engenharia Mecânica pelo Massachusetts Institute of Technology (MIT) e Engenheiro Naval pela Escola Politécnica da Universidade de São Paulo.

Nossas linhas, sem pretensões teóricas ou aprofundamentos filosóficos, dispõem-se a divulgar nomes famosos em diversas áreas para orientar os leitores interessados em consultas mais profundas, além de registrar sintomas reais de patologias sociais facilmente detectáveis para quem queira ver, sem intenção de quantificações estatísticas. Nossas argumentações baseiam-se no senso comum de indiscutível visibilidade, que constitui, para nós, suficiente justificativa para sustentar que:

1. Para empreendermos com a eficiência que garanta uma generalizada paz e felicidade humana, cabe-nos a responsabilidade de propagá-la corajosamente por todas as instituições econômicas, especialmente em seus envolvimentos com as modernas atividades empresariais.

2. Para construirmos com sabedoria, não podemos estabelecer barreiras entre nossos objetivos materiais e nossos valores tradicionais aliados à ética, aos valores espirituais e ao respeito a todas as formas benéficas de vida.

3. Para viabilizar nossas intenções, são necessários discernimentos e refinamentos interiores para compreender e "sentir" situações externas e arquitetar devidas soluções. Seria recorrer ao que Schumacher tão bem definiu como *sentidos intelectuais*[14].

Capra, com o qual demonstramos algumas afinidades de pensamento, afirmou em 2002: *Nos últimos anos, a natureza das organizações humanas tem sido discutida à exaustão nas rodas empresariais e administrativas, em reação ao sentimento generalizado de que as empresas de hoje em dia precisam passar por transformações fundamentais*[15].

Hoje, o que se denomina "administração da mudança" já vem despertando o interesse e enriquecendo os temas de palestras e seminários administrativos.

É preciso reconhecer que o "mercado" representa apenas a particularidade de *disciplinador em curto prazo*, e o torna incapaz de servir como parâmetro ideal para promover ou medir a felicidade humana; *com sua motivação única de lucro, simplesmente não tem interesse nem capacidade para lidar com os problemas sociais*[16].

Reafirmando nossa fidelidade ao pensamento de Schumacher, acreditamos que, em médio prazo, comportamentos fundamentados em preceitos solidários bem estruturados estarão incluídos nas ações humanas com o intuito de instaurar um projeto com maior vigor ético e sensibilidade que nos encaminhe para o almejado estágio de plena realização.

Novas e Saudáveis Influências na Gestão Empresarial

A extensa bibliografia de que nos valemos e que sugerimos aos nossos leitores revela nossa concordância com a proposta de Edgar Morin, segundo o qual o ensino deve se ampliar para além dos limites da hiperespecialização corrente. Ele afirma que a economia, por exemplo, traz consigo *necessidades, desejos e paixões humanas que ultrapassam os meros interesses econômicos*[17].

É preciso estabelecer uma vigilância para não permitir que um ramo do saber tome as rédeas e avance além de seus limites, com a disposição de impor sua hegemonia sobre os demais.

No mundo dos negócios, que é foco central de nossas preocupações, devem os administradores buscar habilmente caminhos que os afastem da preocupação centralizada apenas no industrialismo que, segundo Hazel Henderson, *se baseia na eficiência, no materialismo e na economicidade secular*[18].

Criar modelos alternativos para que empreendimentos prosperem dentro de novos padrões sem perder suas motivações centrais de geradores de lucros, mas que saibam harmonizar valores materiais e espirituais, é uma desafiadora tarefa.

Essa tarefa nem sempre é encarada com muita propriedade pelos condutores dos negócios ou mesmo são avaliadas suas possibilidades. Ela pode até ser vista nos meios acadêmicos como uma proposição beata e sem sentido, irrelevante no mundo corporativo, onde tudo se resume a ganhar ou perder.

Mas, examinando-se a questão com maior profundidade, sem prévias defesas ou arrogância e sem resvalar em sentimentalismos excessivos, poderemos ao menos tentar identificar as verdadeiras raízes que ocasionam fracassos empresariais ou individuais.

Diante desse panorama inovador que, aos poucos, vai reivindicando lugar no cenário empresarial, percebe-se uma certa relutância ou receio do novo; mas, ao mesmo tempo, sofre-se o incômodo de uma situação que por si só já demonstra não satisfazer os anseios humanos de bem-estar social e felicidade.

Boas Parcerias em Nosso Trajeto

Afortunadamente, em um mundo globalizado, além do legado valioso de nosso mentor Schumacher, somam-se os nomes de renomados autores contemporâneos, atuantes e reconhecidos, que nos precederam com suas sólidas argumentações.

Em suas específicas atividades, autores credenciados compartilham conosco o mesmo ideal na busca de um equilíbrio harmônico em nossa evolução intelectual e material e nos prestam grande apoio na condução de nossos próprios pensamentos, como a autora e amiga Hazel Henderson, com quem mantivemos valiosos e inesquecíveis contatos em algumas de suas estadias no Brasil, o físico Fritjof Capra, os economistas Amartya Sen, Henrique Rattner, Ignacy Sachs, o diplomata Rubens Ricupero, o jornalista e ecologista Washington Novaes e tantos outros de idêntica credibilidade.

Esses ativos propagadores de visões inovadoras nos prestaram, por meio de suas linhas, generosas contribuições, sugerindo caminhos inspiradores para a construção de um mundo onde felicidade e bem-estar humanos sejam levados em conta em parcerias com projetos econômicos e empresariais.

Mesmo ancorados por nomes respeitáveis de incontestável valor e por nossas permanentes pesquisas e verificações, não nos propomos, de modo algum, a ostentar posturas de pregadores insuportáveis ou pretensos donos da verdade.

Não nos move nenhuma intenção de impor caminhos e, livres de qualquer traço intransigente, poderemos rever humildemente nossos conceitos se uma diversa escala de valores aplicada sem intervenções espirituais for capaz de equacionar pacificamente as questões e os males aqui mencionados.

• SÍNTESE

Empresa: significado, formação e instalação.

Dificuldades do empreendedor para estabelecer-se: burocracia, elevados custos financeiros e sociais, ausência de disponibilidade de crédito. Informalidade.

"Milagres" no universo empresarial no início da industrialização. Dificuldades atuais dessas ocorrências.

Chances acanhadas de enriquecimento rápido por meio do setor produtivo. Concorrência estabelecida. Forte apelo para investimentos especulativos financeiros, desestimulando aplicações produtivas.

Necessidade de interação de fatores econômicos, éticos e sociais — Visão sistêmica.

Influências macroeconômicas nas atividades produtivas.

O que é "sucesso"? O sucesso e os atuais métodos administrativos — obtenção de lucro sem preocupação com outros valores. Sociedade — *os que não comem e os que não dormem*.

Virtudes no mundo empresarial? *Seria o ideal*.

Estudos recentes sobre ações recíprocas entre teologia e economia.

Srikumar Rao e seu MBA de auto-ajuda. Valorização do desenvolvimento humano.

Tradução atual da administração com *feição humana* proposta por Schumacher.

A proposta convincente e harmoniosa de Schumacher: aliar espiritualidade e questões econômicas.

Ken Wilber e sua importante contribuição.

Preocupações com o cenário atual da sociedade em que vivemos: violência, irreligiosidade, pobreza, agressiva competitividade. Origem desses males: cisão material-espiritual.

Preceitos solidários para plena realização.

Novas e benéficas influências para um futuro processo administrativo.

Principais parceiros nesse trajeto.

• PARA LER E REFLETIR

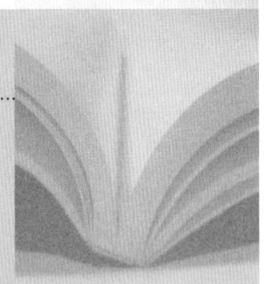

Grandes danos para a dignidade humana resultaram

da tentativa equivocada das ciências sociais de adotar

e imitar os métodos das ciências naturais. A Economia,

e mais ainda a economia aplicada, não é uma ciência

exata; ela é, de fato, ou deveria ser, algo bem

maior: um ramo da sabedoria.

E. F. SCHUMACHER

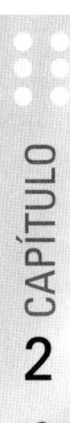

CAPÍTULO

2

A Arte de Administrar

Os tipos friamente racionais podem povoar nossos livros didáticos, mas o mundo é mais rico.

Amartya Sen

Já no início do século 20, o notável poeta Fernando Pessoa, em um texto sobre negócios e economia, aconselhava os homens de negócio a *fazerem de seu comércio não só uma arte, mas uma arte cuidadosamente exercida*[1]. Agradecidos ao referido autor pela inspiração, podemos hoje definir administração como "a arte de somar valores e bem direcioná-los para possibilitar o crescimento e a perpetuidade de uma empresa".

Devemos alertar, porém, que não existem para os negócios, como não existem para qualquer arte, fórmulas mágicas ou métodos gerais para converter-nos milagrosamente em magníficos executores de obras-primas, qualquer que seja o ramo de nossa atividade profissional.

Dadas as suas particularidades, as empresas diferem entre si sob vários aspectos, e executivos experientes e inteligentes conhecem as impossibilidades das prescrições de normas ou táticas estratégicas generalizadas para todas as atividades produtivas.

Mesmo pequenos hábitos corriqueiros e comuns sofrem influências pessoais que contribuem para estruturar e formatar culturas organizacionais.

Por essa razão, vamos enunciar, nas páginas seguintes, algumas experiências que, somadas a um certo grau de prudência e capacidade administrativa, podem contribuir para que procedimentos corretos sejam selecionados e aplicados, relevando-se as particularidades de cada empreendimento.

Desse modo, o administrador atento e orientado poderá direcionar seu próprio talento criativo para moldar a forma apropriada de gerir o seu negócio, valendo-se de boas idéias sem incorrer nas imprudências e nos erros cometidos em algumas malsucedidas e dolorosas experiências que serão relatadas a seguir.

Nos dias atuais, a administração no sistema capitalista de mercado, graças ao acelerado processo de informações, requer atenção permanente que deve se estender também às exigências atuais que consumidores e concorrentes passaram a exercer sobre as empresas.

Além do mais, a arte de administrar condiciona-se a determinados princípios que são, em parte, impostos pelas leis da economia.

Neste caso, como propõe Rubens Ricupero, *a questão a colocar é se a economia deve ser autônoma em relação aos valores morais e espirituais ou se ela faz parte da cultura humana e, como todas as demais manifestações da vida social, deve expressar valores humanos e morais*[2].

Muitos autores têm abordado exaustivamente questões como essa que afetam a ciência econômica e, logicamente, estendem contaminações para o universo empresarial.

Algumas Vozes Discordantes

Para enriquecer nossas linhas, passamos a transcrever pareceres de nomes credenciados (alguns já mencionados no capítulo anterior) que, em suas áreas específicas de atuação, manifestam suas apreensões quanto ao rumo que hoje norteia a economia.

A primeira referência inclui palavras do sociólogo Edgard Morin, denotando preocupação com a acentuada individualidade que caracteriza em nossos dias o comportamento humano:

O enfraquecimento da percepção do global conduz ao enfraquecimento da responsabilidade (cada qual tende a ser responsável apenas por sua tarefa), assim como ao enfraquecimento da solidariedade (cada qual não mais sente os vínculos com seus concidadãos)[3].

Na verdade, hoje podemos notar como se tornaram cada vez mais difíceis os relacionamentos entre as pessoas, pressionadas, em sua maioria, pela falta de tempo em conseqüência dos comprometimentos com suas questões particulares.

O que verificamos esperançosos em nossos dias é o renascimento de alguns movimentos religiosos especialmente direcionados à juventude e a inclusão disciplinar da Filosofia nos currículos de ensino básico e da Filosofia e Ética no ensino superior, que certamente despertarão nos jovens o retorno salutar de práticas reflexivas.

Esse reflorescimento e atenção com valores espirituais dos quais não podemos prescindir, poderão, em futuro próximo, desenvolver atitudes e envolvimentos mais solidários nos relacionamentos humanos e estender suas influências benéficas para as questões de condução empresarial.

Hazel Henderson, a enérgica defensora de novas posturas econômicas e sociais, registra também sua inquietação com esse individualismo exagerado: *O mais importante é notar que o modelo econômico atual, chamado racional pelos teóricos, maximiza os interesses individuais. (...) Por incrível que pareça, o mundo que se preocupa em compartilhar e com o trabalho cooperativo é chamado de irracional. Só que esse modelo é que vai garantir a evolução da nossa espécie*[4].

Entre essas críticas, a voz bem articulada do socioeconomista Ignacy Sachs afirma: *A economia capitalista é louvada por sua inigualável eficiência na produção de bens (riquezas), porém, ela também se sobressai por sua capacidade de produzir males sociais e ambientais.* E prossegue, mais adiante: *Infelizmente, o crescimento econômico promovido pelas forças do mercado traz, mesmo quando bem-sucedido, em nível econômico, resultados sociais opostos aos almejados: as diferenças sociais aumentam, a riqueza se concentra nas mãos de uma minoria, com marginalização simultânea de uma parcela importante da população*[5].

É justamente a semelhança desses pareceres que nos anima a prosseguir em nossa rota pré-estabelecida. Não acreditamos que esse quadro atual, desprovido de sensibilidades espirituais e pouco cooperativo, permaneça por muito mais tempo regendo ações humanas nem seja capaz de sustentar-se indefinidamente.

Novos Valores na Direção Empresarial

Em 1973, Schumacher, citando textos bíblicos em suas páginas de economia, demonstrou sábia lucidez ao afirmar que *o Sermão da Montanha fornece instruções precisas sobre como construir uma perspectiva que conduza a uma Economia de Sobrevivência.* E, com pertinência, questiona: *Parece ousadia vincular estas bem-aventuranças a questões de tecnologia e economia. Mas não será que estamos em apuros justamente por termos levado tanto tempo sem conseguir estabelecer essa conexão?*[6].

Schumacher, que em 1957 havia se indignado com as palavras de um jornalista pela crítica endereçada a uma de suas palestras como típica de "um economista religioso", foi refinando (como já registramos anteriormente) seu pensamento em uma caminhada compulsiva pelas páginas religiosas e, como registra Joseph Pearce ("A educação de E. F. Schumacher"), a *mistura de misticismo empiricamente explicada na linguagem de um economista foi o exemplo pioneiro de uma fórmula de êxito que faria do livro "Small is beautiful" esse grande sucesso.*

Referindo-se à arte de administrar, Schumacher registra (...) *qualquer organização tem de esforçar-se continuamente pela disciplina da ordem e pela indisciplina da liberdade criativa*[7].

É justamente esse aspecto criativo que revela o talento do empreendedor, levando-o a valer-se de sua liberdade para estabelecer processos inovadores em suas decisões. Quando sua liberdade bem direcionada se encaminha para valores de superior qualidade, por decorrência lógica, suas escolhas vão inspirar uma arte administrativa de excelente qualidade.

Peter Drucker, conceituado nome contemporâneo de consultoria no mundo dos negócios, filosoficamente nos aconselha: (...) *está na hora de um novo modo de pensar. Isso vale também para as teorias econômicas que dominaram os últimos sessenta anos*[8].

Para concluir, vale a pena ressaltar a concessão do Prêmio Nobel de 2002 aos economistas norte-americanos Vernon Smith e Daniel Kahneman, a exemplo da premiação anterior de 2001 a George Akerloff,

George Spence e Joseph Stiglitz, que demonstram afinidades de análises econômicas com outros ramos de saberes sociais que se entrelaçam e se complementam, dando uma feição moderna e atualizada à economia[9], e também o Nobel conquistado por Amartya Sen, em 1998, por seus estudos sobre a pobreza e questões morais.

Nossa Visão das Mudanças

Diante dessas constatações somadas a outras tantas mencionadas anteriormente, prosseguimos em nosso intento de contribuir, ainda que modestamente, para reformulações econômicas e administrativas, cujos efeitos nas atividades empresariais nos permitam identificar a seguir:

- a estreita conexão entre valores espirituais e materiais;
- a valorização de idéias econômicas inovadoras e menos agressivas sugeridas por essas e outras vozes portadoras de idêntica visão;
- a instituição de um novo modelo econômico, agregando aos seus interesses valores espirituais contrapondo-se ao seu aspecto estritamente material;
- a adoção de tecnologias adequadas para favorecer corretos crescimentos econômico-sociais, e garantir a sustentabilidade.

Para reformular princípios da arte administrativa, seus executores têm diante de si o enorme desafio de colaborar na mudança das regras do jogo ao acrescentar novos valores às suas decisões e libertando-se das amarras que os sujeitam às regras econômicas tradicionais.

Surgem necessidades de se ampliarem capacidades perceptivas ,como o equilíbrio emocional, a serenidade, a ética e a sensibilidade, a fim de encontrar uma maneira equilibrada de cooperação mútua entre empresas para superar a acirrada competição consagrada.

Sem contar com essas condições básicas, dificilmente os empreendedores estarão aptos para obter colaborações de seus comandados, encarar seus problemas, solucioná-los e serem bem-sucedidos.

No campo empresarial, novos ensaios de métodos administrativos inovadores já dão os primeiros passos e podem ser verificados, como, por exemplo, nas ações da "Economia de Comunhão", um sistema cristão de gerenciamento desenvolvido em empresas ligadas ao Movimento dos Focolares, cujos resultados ainda recentes já apresentam saldos satisfatórios resultantes de seu estilo peculiar de administração e distribuição de lucros[10]. Voltaremos a abordar esse assunto no Capítulo 6.

Questões éticas, responsabilidade social e também problemas relacionados ao meio ambiente, como poluições, desmatamentos, desertificação, utilização irresponsável de recursos naturais, especialmente os não-renováveis, vão adquirindo importância cada vez maior, pois começam a atingir limites sem precedentes que requerem urgentes providências[11].

Opções Tecnológicas

Com referência às questões voltadas para processos produtivos e tecnologias aplicadas, Schumacher nos legou um importante trabalho. Aliado a alguns associados, foi ele um dos responsáveis pela criação de um projeto denominado Grupo de Desenvolvimento de Tecnologia Intermediária (Intermediate Technology Development Group — ITDG), em 1966, que teve como finalidade desenvolver equipamentos adequados e orientar populações de baixa renda de países emergentes para um desenvolvimento compatível com suas características, considerando a auto-suficiência, o uso de recursos locais e as fontes de energia disponíveis e renováveis. Com projetos locais e descentralizados, o ITDG permite às populações pobres afastadas dos centros de alta tecnologia produzirem localmente o necessário para seu próprio consumo e sobrevivência. Em alguns casos, ela recebe a denominação de "tecnologia apropriada", que é apenas uma idéia derivada do projeto idealizado por Schumacher.

Atualmente com a denominação de Practical Action (www.practicalaction.org), esse grupo continua a prestar apoio mundial aos países com grande massa de mão-de-obra disponível, mas sem muita qualificação e carentes de uma tecnologia apropriada. Com ações na África, no Nepal, no Sri Lanka, em Bangladesh, no Sudão, na América Latina e em muitas outras partes do mundo, essa instituição tem prestado, desde sua fundação em 1965, valiosas contribuições locais para o desenvolvimento dos países emergentes. Na América Latina, seus projetos destacam-se principalmente no Peru.

No continente africano, o emprego de tecnologias intermediárias inspiradas em Schumacher demonstrou claras eficiências, especialmente no que se refere à captação de água potável, como nos relatou em contato telefônico o sociólogo e professor Henrique Rattner, que teve a oportunidade de confirmar *in loco* essas aplicações.

A idéia de tecnologias intermediárias aplicadas nos países em desenvolvimento passou posteriormente a exercer influência também em países industrializados que delas se utilizam em situações convenientes. Com essas aplicações, comprova-se que: *uma tecnologia intermediária dotada de fisionomia humana é, de fato, possível (...) e serve à produção pelas massas em vez da produção em massa*[12].

O ITDG foi a maior contribuição prática desenvolvida por Schumacher. Até hoje permanece como método eficiente voltado especialmente para a inclusão social e econômica dos povos mais necessitados.

No Brasil, as evidências demonstram a existência de um campo fértil para aplicações de tecnologias intermediárias (ou apropriadas) especialmente em regiões mais carentes e desprovidas de qualquer aperfeiçoamento tecnológico. Alguns esboços de tecnologias simples bem-sucedidas são representados, hoje, em pontos isolados do país, apenas por modestos projetos de trabalhos artesanais e sistemas de armazenamento de águas pluviais em regiões castigadas pelas secas. Um bom exemplo nacional é constituído pelo trabalho da ECOOCA (www.ecooca.com.br), inspirado nas tecnologias sugeridas por Schumacher, que trata do desenvolvimento de tecnologias intuitivas (versão brasileira da tecnologia intermediária de Schumacher). Certamente bons projetos de tecnologias apropriadas estão sendo desenvolvidos no Brasil, mas não são conhecidos pela falta de instituições específicas e encarregadas de sua catalogação e divulgação.

Opções convenientes de tecnologias apropriadas e dimensionamentos adequados de suas aplicações poderiam significar, nos processos industriais mais rudimentares dessas regiões carentes, a decisão mais importante para determinar saudáveis evoluções em seu desenvolvimento.

O correto é que cada país, de acordo com suas características regionais, seja ele desenvolvido ou em desenvolvimento, deve optar pela adoção de tecnologias condizentes com o estágio de desenvolvimento dos locais onde serão implantadas.

Tecnologias do tipo capital-intensivo, por exemplo, não são adequadas para países em fase de desenvolvimento pelo alto custo de investimentos (capital) que exigem, pela baixa oferta de postos de trabalho que oferece e por inviabilizar a criação de um vasto mercado interno com produções voltadas para atender as necessidades das classes mais carentes.

Para que as classes menos privilegiadas das nações em desenvolvimento possam encontrar espaço no mercado de trabalho, as empresas precisam implantar tecnologias mais simples, que propiciem a geração de empregos, absorvendo a grande massa disponível de mão-de-obra sem qualificações.

As implantações de tecnologias intermediárias ou apropriadas não são fatores excludentes de viabilização de projetos de tecnologias mais avançadas importadas de países desenvolvidos. Mas, como propõe Rattner em artigo na *Revista de Administração de Empresas* (RAE — julho/setembro 1974), é necessário *elaborar critérios e parâmetros válidos para o uso ponderado das duas tecnologias, de acordo com os objetivos específicos e os valores sociais da sociedade.*

Os atuais programas de incubadoras de empresas, desenvolvidos em parcerias por algumas instituições, aconselham o desenvolvimento de tecnologias apropriadas que dispensam grandes investimentos de capital, afirmando que elas constituem o estágio inicial para viabilizar o fortalecimento em seu nascedouro e possibilidades de sustentar um gradativo processo de avanços tecnológicos que serão determinados pelos próprios condutores do negócio.

Nas páginas do "Capitalismo natural", seus autores esclarecem: *Toda ferramenta, toda máquina e todo processo devem ter dimensões adequadas ao trabalho que realizam.* E identificam Schumacher como o *primeiro a contestar o culto do gigantismo na empresa...*[13].

Assim como a educação "não salta", mas evolui aos poucos, as pequenas empresas dos países em desenvolvimento devem iniciar suas trajetórias operacionais utilizando tecnologias simples, adequadas às circunstâncias, até atingirem progressivamente estágios mais avançados que lhes permitam a adoção de tecnologias mais avançadas e sofisticadas.

Às vezes, algumas empresas, movidas por entusiasmo momentâneo e desejosas de aparentar progressos produtivos, decidem investir inadvertidamente em tecnologias importadas, nem sempre condizentes com seu estágio de desenvolvimento. Seduzidas pelas facilidades aquisitivas que lhes são oferecidas, arriscam-se em investimentos sem medir a fundo suas conseqüências. Os retornos sobre esses investimentos, quando não são bem equacionados, se revertem quase sempre em graves prejuízos.

Além do aspecto financeiro, algumas decisões desse teor, tomadas repentinamente em momentos de euforia, sem sólidos fundamentos ou consultas prévias aos colaboradores envolvidos, podem gerar um clima de desconfiança quanto à estabilidade de empregos, possíveis automatizações e cortes de pessoal, o que leva a um sinal de alerta generalizado. Por outro lado, essas importações exigem, na maioria das vezes, capacitação de pessoal, supervisões e manutenções especializadas, prováveis modificações no *layout* da produção, para as quais a empresa pode não estar suficientemente preparada.

Não aconselhamos atitudes conformistas diante dos números de baixa produtividade decorrente de um sistema atrasado e nenhum avanço nas questões de novas tecnologias. Mas é preciso cautela e boa dose de lucidez para definir projetos dessa natureza e introduzir modificações operacionais sem comprometer a evolução saudável do empreendimento com medidas que extrapolem suas reais possibilidades.

A essência de uma boa administração requer bom senso para definir mercados, analisar questões sociais de geração de empregos e avaliar características e exigências produtivas, sociais, ambientais e locais no sentido de aplicar em seus negócios as tecnologias adequadas para um crescimento gradativo e sustentável. Questões empresariais de opção tecnológica apropriada continuam sendo, como já afirmava Schumacher, *a mais importante de todas as escolhas*. Portanto, reconhecer e conjugar viabilidades e valores, configurando-os e adicionando-os conscientemente aos seus objetivos, é o correto caminho da gestão empresarial responsável para atingir metas almejadas, resultados positivos e sucesso.

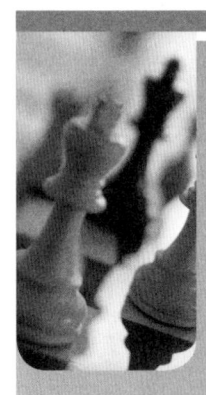

• SÍNTESE

Administração: definição. Aplicação de métodos em cada empreendimento de acordo com suas características específicas.

Utilização do poder criativo para se estabelecer um correto processo administrativo em harmonia com as intervenções econômicas na empresa.

Considerações de nomes respeitados sobre o tema.

O "Sermão da Montanha" nas linhas econômicas de Schumacher.

Bom conceito administrativo: *disciplina da ordem e indisciplina da liberdade criativa.*

Preocupação atual em aliar questões administrativas e princípios éticos. Desenvolvimento de sensibilidades nos homens de negócios.

Economistas premiados com o Nobel e suas recentes tendências apreciativas de questões sociais.

Identificações consideradas ideais nas atuações empresariais.

Desafios propostos para a introdução de valores espirituais nas gestões dos negócios.

O exemplo singular da "Economia de Comunhão", um princípio fundamentado em preceitos cristãos para a administração.

Opções tecnológicas.

A Tecnologia Intermediária (ITDG) proposta por Schumacher.

O meio ambiente: maior expressividade nas atuais avaliações empresariais.

A importância de novos valores para atingir objetivos de realizações empresariais, profissionais e pessoais.

- **PARA LER E REFLETIR**

Somos pobres, não semideuses. Temos muito

com que nos entristecer, e não estamos

ingressando em uma era de ouro.

Precisamos de um enfoque suave, um espírito de

não-violência, e saber que a beleza está no

que é pequeno.

Temos de preocupar-nos com a justiça e

fazer com que o direito prevaleça.

E tudo isso, somente isso, pode habilitar-nos

a sermos pacíficos.

E. F. SCHUMACHER

CAPÍTULO 3

O Fator Humano nas Empresas

Por que zelar pelas pessoas? Porque elas são a fonte primária e suprema de toda e qualquer riqueza.

E. F. SCHUMACHER

Não vejo alternativa para a espécie humana senão a cooperação.

HAZEL HENDERSON

Entre os fatores produtivos da empresa constituídos pelo capital, recursos naturais e trabalho, é este último que realmente conduz os negócios a seus resultados. Como bem ressalta Larry Bossidy: *(...) é a qualidade das pessoas que você atrai e mantém em sua empresa que determinará seu sucesso ou fracasso*[1].

A nomenclatura administrativa corrente, ao intitular o departamento de pessoal como Recursos Humanos, demonstra uma certa inadequação nos dias atuais e, como ilustra Peter Senge, *ver pessoas como recursos a serem usados pela organização funciona como obstáculo ao desenvolvimento de empresas de sucesso para o próximo milênio*[2]. Contudo, apesar dessa observação, até certo ponto correta, ainda hoje persiste a antiga nomenclatura, e não cremos que possa prejudicar, por enquanto, o bom desenvolvimento do pessoal por causa dessa identi-ficação. Nossa intenção ao citá-la é apenas salientar esse novo enfoque que parece ter conquistado simpatias de alguns autores, consultores e administradores.

Na realidade, em se tratando de pessoas na empresa, é importan-te ressaltar que são realmente elas, nas figuras de bons administrado-res e seus comandados, que, no exercício de suas funções, moldam a personalidade dos negócios, constroem sua história, criam sua cultura e imagem e estabelecem seus relacionamentos com agentes externos: clientes, fornecedores, instituições financeiras, prestadores de serviços e outros.

Mais do que um simples fator produtivo, as pessoas devem ser iden-tificadas por suas características humanas, suas competências e atuações. No recinto de trabalho, merecem respeito pelos seus sentimentos pró-prios, desejos de progresso e vontade colaborativa, por isso a inexatidão de considerá-los meros recursos. Como diz o presidente da Resolve!® Global Marketing, Jimmy Cygler: *A empresa é um órgão vivo que funciona como um sistema, e não como partes isoladas. Ela não existe sem o empreen-dedor, mas não sobrevive também sem as pessoas que a compõem*[3].

O Profissional Competente

Segundo o sociólogo André Gorz, *trabalhar não é apenas produzir rique-zas econômicas; sempre é também uma maneira de produzir a si mesmo*[4].

Valorizar o elemento humano é dever primordial de empresas cons-tituídas que, para seu funcionamento, precisam contar com pessoas para compor o quadro de seus colaboradores em todas as áreas, sejam elas administrativas ou produtivas.

Na esfera do comando, para que todas suas ações possam desenvolver-se, qualquer empreendimento necessita também contar com uma equipe de gestores competente, direcionados por princípios preestabelecidos.

Em suas atividades, o profissional deve atualizar-se freqüentemente e certificar-se dos novos cenários que superam a antiga visão de gestão dos negócios. A selva de pedra onde os "espertos" sempre eram bem-sucedidos já vem perdendo forças diante de uma nova postura geren-cial mais direcionada para processos cooperativos.

O moderno cenário de transformações, no qual atua o profissional de hoje, difere dos modelos tradicionais hierárquicos e rígidos. A antiga administração vertical vai aos poucos cedendo espaço para a participativa, e certos lugares-comuns vão sendo abandonados e dando origem a novos desafios de comando.

É preciso reconhecer que o sucesso ou o fracasso de uma empresa está atualmente sofrendo influências sociais e não está mais exclusivamente atrelado aos ditames de ordem econômica.

A responsabilidade social, o envolvimento comunitário, as questões éticas e ambientais são características emergentes que influem e podem contribuir para realçar o valor de qualquer empreendimento e, para tanto, exigem profissionalização e atuações multidisciplinares dos novos dirigentes.

Todos esses fatores, como já ressaltamos, têm suas raízes nas propostas espirituais, o que caracteriza a conveniência de uma "religiosidade" empresarial como instrumento valioso para contribuir com seu sucesso. Efetivamente, nos negócios em que não há campo disponível para absorver tais valores instala-se uma lacuna que, por sua vez, provoca insatisfação e descontentamento generalizados.

Embora isso possa soar um tanto estranho e provocar reações céticas quanto a sua validade e propriedade dentro dos processos empresariais, esse fato pode ser facilmente verificado.

Em recente pesquisa do Instituto de Pesquisas Sociais, Políticas e Econômicas da Universidade de São Paulo constatou-se que apenas 26% das pessoas se sentem felizes com o seu trabalho. Muitas vezes, a verdadeira origem desses estados de descontentamentos tem raízes na ausência de valores espirituais, que não estão integrados à cultura empresarial. Basta apenas uma observação mais meticulosa para comprovar a veracidade de nossas afirmações.

Da mesma maneira como procuramos identificar as empresas competentes sob duas óticas distintas, utilizaremos o mesmo método para classificar desempenhos de seus dirigentes.

O profissional pode ser qualificado como competente, atuante e colaborador seja respondendo apenas a interesses econômicos ou seguindo normas de maior amplitude, no caso da empresa caracterizada como "consciente".

O desempenho do profissional será ditado, portanto, por objetivos e regras que ele deve acatar de acordo com as características culturais da empresa contratante.

Para se tornar um profissional realmente bem-sucedido, é aconselhável logo de início seguir a sábia orientação de Confúcio: *Procure um trabalho do qual você goste e nunca mais você se sentirá trabalhando*[5].

Seja qual for o quadro em que se inclui, o nível de competência profissional pode ser avaliado pelo conhecimento, pelo esforço contínuo que emprega nas atividades, pela ética, disciplina e comprometimento com a empresa, pela estratégia bem planejada de agregar valores no que faz e pela soma de esforços direcionados para que a empresa cresça, seja eficiente e rentável.

O bom executivo administra não apenas olhando para o retrovisor, mas também e principalmente para frente, atento aos diversos cenários da conjuntura presente, analisando suas tendências em função das políticas macroeconômicas e seus reflexos microeconômicos e, em particular, às atividades dos agentes que interagem com a sua empresa, como fornecedores, entidades financeiras e consumidores.

Saber dirigir, competir e cooperar no atual cenário econômico de globalização exige flexibilidade, capacidade de adaptação e, às vezes, alterações ou substituições de planos empresariais.

Saber discernir o momento exato para tomar decisões pode definir um homem de resultados.

Na acirrada disputa no mercado de trabalho, diante da oferta pouco flexível de empregos, o profissional deve zelar pela sua permanente capacitação, estar sempre atento aos novos conhecimentos pertinentes ao seu posto de trabalho, assumir responsabilidades em novos cargos e contribuir, com sua evolução pessoal, para o progresso das organizações.

Mas é bom advertir: não somente a formação acadêmica dará a ele todas as condições necessárias para uma boa atuação. Experiência e sabedoria não se adquirem formalmente: são importantes requisitos amealhados no decorrer da própria existência — frutos do amadurecimento interior.

Em suas páginas, Schumacher destaca que a rejeição da sabedoria *chegou a um ponto de a maioria de nossos intelectuais nem terem a mais tênue idéia do que isso significa*[6].

Essa é uma questão com a qual nos deparamos com muita freqüência no nosso mundo empresarial, movido apenas por interesses materiais, em que a sabedoria não faz o menor sentido.

Teoricamente, recomendar procedimentos ou enaltecer qualidades do bom profissional não é tarefa difícil.

Devemos esclarecer, contudo, que a competência individual é, na prática, a decorrência lógica da cultura empresarial que transfere para os subordinados virtudes ou desacertos provenientes de sua política interna. Se a política empresarial se origina das ações e procedimentos de seus dirigentes, uma vez definida, ela passa a influenciar procedimentos de seus subordinados.

Quando o ambiente é favorável e a cultura empresarial é de bom nível, os profissionais podem utilizar e desenvolver seus conhecimentos e habilidades no local de trabalho.

A empresa, por sua vez, está inserida em uma sociedade e, portanto, subordinada a leis e governos. Se a economia do país é saudável e administrada com competência, é natural que assegure um cenário promissor, tanto para as empresas como para os profissionais.

O conceito de competência em cadeia, alastrando-se por todos os campos das atividades humanas, é um processo contínuo que pode resultar em sucessos ou fracassos.

No Brasil, onde a economia sofre sucessivas oscilações e influências externas decorrentes da dependência econômica dos países desenvolvidos, os profissionais de empresas devem centrar atenções nos objetivos, agir prontamente, mas com precaução, para atingir bons resultados. É exatamente nos momentos difíceis que competência e consciência devem ser capazes de diferenciar sua empresa dos concorrentes e adotar medidas e soluções compatíveis com situações delicadas.

Quando se trata de uma empresa de pequeno porte, geralmente de raiz familiar, as chances de contornar problemas e viabilizar crescimentos profissionais são maiores, pela proximidade e grau de liberdade que normalmente se estabelecem entre os funcionários e a direção.

Apesar das dificuldades econômicas e financeiras enfrentadas na maioria desses casos, o desafio pode fortalecer e estimular a capacidade gerencial e possibilitar a utilização de comportamentos criativos para superação de crises.

Habilidades para promover mudanças são freqüentemente solicitadas nesse cenário econômico de incertezas. Tais necessidades provocarão entre os colaboradores a confiança de que oportunidades de crescimento não lhes faltarão, e isso pode assegurar um vínculo duradouro entre empresa e funcionários que almejam galgar postos superiores.

É evidente que, mesmo valorizando internamente seus colaboradores, a empresa vê-se por vezes obrigada a recorrer ao mercado em busca de bons profissionais quando, por exemplo, ocorrerem novas implantações departamentais, exigindo determinadas especializações.

Nunca é demais alertar também para o perigo de algumas eventualidades que podem afetar o sucesso de um empreendimento. Por exemplo, funcionários talentosos e não valorizados, sem oportunidade para desenvolver seu potencial na empresa, podem abandonar seus postos e deslocar-se para empresas concorrentes ou, valendo-se da experiência e dos conhecimentos adquiridos, estabelecer seus próprios negócios. Se obtiverem sucesso, poderão se transformar em prováveis e incômodos concorrentes.

Em suma, quem administra deve acompanhar e direcionar a evolução da empresa em toda a sua extensão, incluindo um bom relacionamento com seu pessoal, para evitar admissões comprometedoras ou evasões competentes, lembrando sempre que o resultado positivo nada mais é do que a soma dos resultados de todos os departamentos em tempo integral.

Da habilidade ou inabilidade administrativa, das demonstrações de bom senso e sabedoria dependerá o destino de qualquer empreendimento.

A empresa bem-sucedida e dirigida com arte, por profissionais competentes e conscientes, traduz, no mundo dos negócios, a sintonia da afinada orquestra, na qual cada componente executa com hábil maestria a partitura que lhe foi designada.

Ações Executivas Que Conduzem a Empresa ao Fracasso

Construir uma empresa é um processo que exige, além de competência, um longo percurso de trabalho, disciplina, sacrifício e total dedicação. Às vezes, situações críticas, noites em claro e angústias condicionam homens de negócios a momentos de reflexão silenciosa que os fazem reconhecer que essas dificuldades são partes integrantes da trajetória desafiadora de construção e crescimento de empresas.

No universo empresarial, sucessos ou fracassos não ocorrem por acaso: são resultantes da boa ou má semeadura. Isso ocorre com freqüência e é natural em todos os ciclos de atividades humanas.

Contudo, ao contrário dos árduos caminhos da construção, que às vezes perdura por toda uma geração para o estabelecimento de um empreendimento, destruir é fácil e rápido — exige pouco tempo.

A nossa experiência como consultores nos permite aconselhar aos executivos, e especialmente aos herdeiros patrimoniais, o empenho em suas atividades e na atenção exigida pela responsabilidade de manter, preservar e fazer crescer seus bens.

Se seus esforços não forem condizentes com as exigências intrínsecas dos negócios e bens, inexoravelmente estarão comprometendo sua preservação.

Quando suas atenções estão direcionadas exclusivamente para usufruir riquezas de um modo perdulário, seus bens estarão diluindo-se dia a dia, e o despertar para a realidade não será nada gratificante.

Às vezes, certos empresários dirigentes, por imaturidade, se revestem de um (ilusório) saber absoluto, de vaidade, de egoísmo, de prepotência e, com essas atitudes arrogantes, passam a correr o risco de destruir seus patrimônios. Com tais credenciais negativas, tendem a ouvir pouco, prestar pouca atenção às opiniões alheias e falar muito. São arquétipos daqueles dirigentes que despertam temor, mas nunca respeito.

Geralmente são pessoas incapazes de valorizar colaborações e empenhos de seus subordinados, dispensando-lhes um tratamento de indiferença, ainda que simulem um aparente respeito. Com desdém desprezam comentários, análises e sugestões benéficas para a prosperidade de seu negócio, mas que não conseguem sua aprovação por exigir maiores empenhos e investimentos incompatíveis com o modelo de vida ocioso que adotaram.

Uma empresa, porém, é constantemente operacionalizada pelo trabalho conjunto de um grupo de pessoas que exercem funções diferentes e que, em um processo de interdependência e complementaridade, materializam seu sistema operacional.

Quando o trabalho é exercido em ambientes adequados, dirigido por executivos competentes, cujo objetivo preestabelecido é sempre fazer o melhor, esse requisito fundamental garante a qualquer negócio a merecida estabilidade no mercado.

Ao contrário, quando prevalece o egoísmo centralizado em seu comando, instaura-se um clima de desconfiança, de insegurança e, até mesmo, um conjunto de mentes torcendo contra o sucesso. O trabalho passa a ser executado por mãos apáticas direcionadas apenas para as tarefas rotineiras, sem estímulos, iniciativas ou viabilidades de progresso pessoal, e o resultado poderá ser desastroso.

Um outro aspecto negativo que muitas vezes identifica um empresário herdeiro é aquele do "faz-de-conta", ou seja, sua permanência na empresa não é voltada para conduzi-la convenientemente, mas seu único intuito é gozar das vantagens que ela lhe oferece.

Ocupar o cargo de maior autoridade na hierarquia empresarial, valorizar seu ego, sem exercer com a devida responsabilidade as suas funções, acreditando que, por mera casualidade, tudo se encaminhará para resultados positivos pode ser uma atitude perigosa.

Isso corresponde ao tipo de gerenciamento negligente, que nada agrega de positivo à prosperidade do negócio. O mau exemplo transformado em rotina passa a contaminar toda a empresa e provoca efeitos nocivos, que aos poucos vão minando todos os seus departamentos. Ao longo do tempo, a empresa torna-se refém de um maléfico processo de causa e efeito, resultante da sobrecarga destruidora de seu próprio dirigente.

Quando a empresa vive essa perniciosa realidade e é afetada por períodos de dificuldades estruturais e conjunturais, como bruscas oscilações de vendas, dificuldades na obtenção de resultados positivos e pressões financeiras, é muito comum o pseudo-empresário valer-se de uma antiga e conhecida tática — reduzir pessoal e demitir os funcionários mais onerosos. Com os olhos voltados somente para essa alternativa, ele não visualiza a delicada questão da produtividade, do investimento empresarial naquelas pessoas e o grau de fidelidade e dedicação que elas sempre devotaram à empresa. Valores não passíveis de mensuração financeira deixam de ser considerados e, assim, valores éticos e espirituais passam ao largo de suas decisões.

Esse quase sempre desastroso procedimento pode aliviar a precariedade de liquidez por algum tempo, mas no médio prazo poderá provocar críticas desestruturações internas, encaminhando o negócio para situações de extrema gravidade.

Qualquer determinação envolvendo pessoas deve ser pautada pela cautela, equilíbrio e ponderação para que não se cometam injustiças.

É preciso abandonar a idéia fixa de que colaboradores representam apenas custos a serem cortados a qualquer momento, sem maiores considerações de ordem social, como a garantia dos postos de trabalho e a avaliação da fidelidade de seus empregados.

Em períodos de crise, é melhor optar por outros expedientes para minimizar impactos negativos e esgotar todas as formas de soluções antes de decidir-se pela dispensa de fiéis colaboradores.

Para não assumir o papel de exterminador da sua própria empresa, é melhor adotar uma postura ética e transparente, respeitar e ouvir. O correto caminho para o sucesso consiste na soma de esforços e na crença de que a verdadeira autoridade é reconhecida naturalmente pela competência, pelo equilíbrio e coerência no trato com os colaboradores e pela sabedoria demonstrada na arte de bem administrar.

Empresários Que Não Comandam, São Comandados

Administrar e conduzir empresas é uma arte que exige permanente vivência e coordenação de projetos e ações.

O administrador deve estar atento aos indicadores de desempenho de sua empresa, sua posição no mercado, as tendências do setor em que atua para elaborar projeções e projetos. Precisa ter sempre em mente a história da empresa, sua trajetória até os dias atuais, desempenhos passados e recordar os erros cometidos para não repeti-los no presente. Não é possível administrar apenas aplicando corretivos às antigas falhas, ou seja, apenas "limpando o leite derramado".

É árdua a tarefa de exercer satisfatoriamente esse importante papel em que há exigências de dedicação integral dos executores e poucas chances de relaxamento.

Geralmente, quando a empresa vai progredindo e ampliando sua complexidade administrativa, os empresários lançam mão de contratações de executivos para auxiliá-los no gerenciamento.

É natural que negócios dirigidos por profissionais contratados e competentes sejam bem-sucedidos, mas, para isso, não podem prescindir da ação supervisora e fiscalizadora do empresário. Definidas e bem configuradas suas metas, é possível às empresas atingi-las contando com os esforços conjugados dos empresários e seus executivos. As metas estabelecidas devem ser analisadas, controladas e cumpridas diariamente. Os dados de desempenho diário dos diversos departamentos tornam-se fundamentais para se avaliarem os resultados dos processos e medidas adotados, bem como para se estabelecerem correções, quando necessário.

Quando o empresário tem conhecimento desses resultados e exerce a contento o seu papel, concedendo-se o direito de esclarecimentos e cobranças, ele está capacitado para bem conduzir seus negócios e obter resultados positivos.

Em toda empresa, o tempo é fator valioso. Portanto, o importante é considerar que, a cada hora na vida das organizações, se pode construir algo importante ou apenas divagar improdutivamente. O fator tempo, nos dias atuais, com empresas, mercado e economia globalizados, exige decisões rápidas e dinâmicas, com posicionamentos estratégicos bem definidos para produzir resultados satisfatórios em curto e médio prazos. O comprometimento do dirigente empresarial é, pois, cada vez mais solicitado, em virtude da aceleração que configura o momento atual do mundo dos negócios.

Quando, em um processo inverso, o empresário é pouco atuante e se ausenta por períodos prolongados, envolvido em outras atividades, dificilmente conseguirá fazer prosperar seus negócios. É exatamente nesse contexto que ele corre o risco de passar internamente da condição de comando para a de comandado em sua própria empresa. Sua conduta negligente propicia possibilidades de atitudes também desatentas e descomprometidas de seus funcionários, e até de políticas pouco recomendáveis. Os resultados apresentados podem, na verdade, estar camuflando uma situação real de dados negativos. Com sua desatenção, o empresário é negligente com problemas que envolvem as atividades de seu negócio e torna-se alvo fácil do controle de seus comandados que diante da fragilidade de seu comprometimento e conhecimento da empresa passam a comandá-la, nem sempre com as melhores decisões, sem que ele mesmo disso se dê conta.

Muitos consultores testemunham situações embaraçosas dessa natureza e, para saná-las, são obrigados, às vezes, a lançar mão de sugestões enérgicas, como alterações no quadro administrativo já extremamente contaminado por esses desvios de comando.

O empresário deve, portanto, estar atento ao importante papel que representa e executá-lo com a eficiência e dedicação requeridas.

Compor uma saudável parceria com seus executivos, participar conjuntamente de decisões importantes e marcar presença constante e estimuladora é o ideal. Assim ele poderá assegurar-se de que a inserção de sua empresa no mundo dos negócios está garantida, justamente em decorrência de seu correto e atento desempenho profissional e de toda sua equipe.

Carências Educacionais

No atual estágio de desenvolvimento empresarial, como vimos, estamos caminhando para uma era na qual a importância do conhecimento vai se tornando imperativa para a prosperidade e o sucesso de qualquer empreendimento.

Mesmo organizações dotadas de alta tecnologia e elevado grau de automação e informatização não podem prescindir da colaboração humana qualificada para operacionalizá-las, e necessitam investir permanentemente em capacitação profissional.

O conhecimento não pode se restringir a poucos e precisa ser difundido por toda a organização, e o aprendizado passa a adquirir um maior grau de importância no mundo dos negócios.

Um nível de instrução satisfatório implica, atualmente, o reconhecimento de um processo sistêmico de inter-relações disciplinares, tanto em currículos escolares como em qualquer área de atuação humana. O grande defensor desse processo, Fritjof Capra, afirma: *A visão sistêmica da vida é uma base apropriada tanto para as ciências do comportamento e da vida quanto para as ciências sociais e, especialmente, a economia*[7].

Em qualquer nível escolar, torna-se importante essa nova abordagem pedagógica sem a qual o ensino será falho na formação de homens capazes de atuar com uma visão amplificada para equacionar seus problemas.

Uma problemática se estabelece nesse sentido, sobretudo em países como o nosso, onde se conta com um expressivo contingente de mão-de-obra sem qualificações, carentes das mais elementares noções educativas.

Essa massa trabalhadora necessita de um empenho mais enérgico por parte dos dirigentes do ensino público no sentido de prepará-la estruturalmente para uma posterior absorção de conhecimentos especializados em suas funções profissionais.

Com o advento da informática e sua progressiva utilização nas empresas, essa carência assume proporções de maior gravidade e já dá conformidade a uma nova classe carente — os excluídos digitais.

Peter Senge, analisando a educação norte-americana, aponta falhas na introdução de abordagens mais abrangentes, como *reflexão e visão pessoal,* que são extremamente importantes e *ativamente desestimuladas na educação tradicional*[8], o que não difere muito do que ocorre entre nós. Contudo, referindo-se especialmente ao Brasil, ele afirma que, *com o seu talento peculiar e alta dose de otimismo,* talvez possa contribuir para a construção de um futuro do qual todos possam se orgulhar.

Infelizmente, não visualizamos, de imediato, nenhuma intenção significativa nos processos pedagógicos da escola pública que possa configurar um glorioso futuro, ressalvadas algumas tímidas e honrosas exceções.

A tentativa heróica de desenvolver acentuadas sensibilidades em adultos, como autoconhecimento, poder reflexivo, afetividade, partilha, menor agressividade competitiva e maior sentimento cooperativo, é tarefa de extrema complexidade e, às vezes, ineficiente; porque *a educação não "salta"; é um processo gradual de grande sutileza,* afirma Schumacher[9].

Não devemos, porém, descartar a boa intenção empresarial nesse particular. Não se pode negar a formidável potência que representa a educação como fator determinante do progresso empresarial. A empresa representa, atualmente, o reduto ideal e de maior probabilidade para promover o crescimento humano, ainda que o faça modestamente, em virtude da precariedade da formação escolar básica que caracteriza boa parte de seus empregados.

Mas, por mínimo que seja o resultado, a alta administração e as gerências dedicadas a essa missão estarão cumprindo um valoroso papel social ao contribuírem para atenuar as distâncias culturais na hierarquia organizacional. Cursos de curta duração, palestras, eventos artísticos, instalações de bibliotecas e atividades esportivas são ferramentas úteis para essa finalidade.

Sobre assuntos educacionais, nossa maior preocupação é, sem dúvida, a capacitação com graus de deficiência e a má remuneração que se oferecem à maioria dos professores, associadas à ausência de noções básicas de valores éticos e religiosos nas grades de ensino. Com sabedoria, alerta Schumacher: *A Educação só pode ajudar-nos se produzir "homens integrais"*, que ele define como aquele que *não terá dúvidas em torno de suas convicções básicas, de sua opinião quanto ao sentido e à finalidade da própria vida*[10].

Concordamos que, na ausência de princípios formadores do caráter e da moral humanos, nos deparamos com a impossibilidade de capacitar integralmente gerações futuras e edificar um novo modelo que possa converter-se em alvo de admiração nas relações humanas, seja nas empresas ou na sociedade. Como afirma Michael Novak, em "O novo paradigma nos negócios": *Nosso treinamento em religião é primitivo se comparado ao nosso treinamento em estatística, literatura ou história.*

Enquanto aguardamos uma atuação mais enérgica dos governos para solucionar essa importante e delicada questão, melhor é nos mobilizarmos dentro de nossas possibilidades do que mantermos, diante dos fatos, atitudes de irresponsável passividade. É isso que vem fazendo atualmente no Brasil o setor privado, saindo da passividade ao promover campanhas educativas internas ou participando de projetos sociais nesse sentido.

Um desses projetos é o programa Reescrevendo a Educação, patrocinado por algumas empresas (www.reescrevendoaeducacao.com.br), entre muitos programas desenvolvidos por diversas entidades sociais.

Em nosso país, a atenção com o ensino torna-se uma questão prioritária, uma vez que a problemática do crescimento econômico, empresarial e social tem suas raízes no baixo nível de escolaridade popular. Dificilmente podemos preparar uma mão-de-obra eficiente e bem qualificada, idealizar um desenvolvimento auto-sustentável e uma sociedade justa sem colaborações efetivas e responsáveis por parte dos poderes públicos na área educacional.

Dificuldades na Modificação de Hábitos

No exercício de nossas atividades em determinadas empresas, envolvidos com seus vários setores, algumas vezes nos deparamos com certos procedimentos que ocasionam desperdícios, aumento de custos e má qualidade de produtos, o que afeta, conseqüentemente, sua expressividade no mercado.

Às vezes, dados pouco significativos para olhos desatentos podem significar perdas que escapam ao controle, especialmente no setor produtivo.

As empresas em que ocorrem essas incidências geralmente estão contaminadas por gestões ineficientes, que não se preocuparam em introduzir modificações para superar deficiências herdadas e controlar com maior eficácia seus desperdícios. Na maioria dos casos, são empresas que carecem de estímulo, reorganização produtiva, liderança eficiente e um sistemático *feedback*.

Nessa situação, observações externas são valiosas contribuições para despertar o ânimo necessário para mudanças: algumas recomendações de consultorias empresariais podem fornecer uma boa sustentação para os ajustes necessários.

Muitas questões triviais consideradas irrelevantes aos olhos dos envolvidos nas atividades produtivas podem significar o ponto de partida para reformulações da cultura empresarial.

Como bem nos sugere Mark Twain, *a gente não se liberta de um hábito atirando-o pela janela: é preciso fazê-lo descer a escada degrau por degrau*[11].

Certamente, lidar com pessoas dentro de empresas e conseguir rápida e unânime aprovação em qualquer situação, com o intuito de suprimir erros ou falhas de processo, não é tarefa fácil, ainda que nossas propostas sejam objetivas e substancialmente revestidas de pura lógica e bom senso.

Os administradores em suas posições de comando, para bem exercer suas atividades, têm a necessidade de aliar aos seus conhecimentos técnicos e acadêmicos uma certa noção da complexidade do comportamento humano, a razão de suas resistências, suas múltiplas e íntimas aspirações.

É preciso encarar com tolerância as limitações de seu pessoal, que são, muitas vezes, decorrentes de sua precária formação escolar, como já destacamos em páginas anteriores.

O Risco de Palavras e Decisões Precipitadas

No livro "Capitalismo natural", seus autores relatam uma curiosa história ocorrida na ilha asiática de Bornéu, na década de 1950, que passamos a transcrever.

Com o propósito de combater a maleita que se disseminava entre os camponeses de Dayak, a Organização Mundial de Saúde apresentou uma solução simples e direta.

A idéia de pulverizar DDT aparentemente deu resultado: os insetos morreram, a malária desapareceu. Porém, surgiu uma rede de efeitos colaterais em expansão ("conseqüências que não foram consideradas", observa Garret Hardin, "a existência do que se nega enquanto for possível"). Os telhados das casas populares começaram a ruir, porque o DDT exterminou as pequenas vespas parasitas que antes controlavam as lagartas que se alimentavam do sapé. O governo colonial liberou folhas de metal para cobrir as casas, mas as chuvas tropicais produziam ruídos como tambores sobre os novos telhados e não deixavam ninguém dormir. Nesse meio tempo, os insetos envenenados com DDT alimentavam as lagartixas que, por sua vez, serviam de alimento para os gatos. Desta maneira, o DDT constituiu uma cadeia alimentar que passou a matá-los. Sem eles, os ratos se multiplicaram. Ameaçada com surtos prováveis de tifo e peste silvestre que ela mesma criara, a Organização Mundial de Saúde defrontou-se com a necessidade de lançar com pára-quedas quatorze mil gatos vivos sobre Bornéu[12].

Essa história enquadra-se perfeitamente como modelo ilustrativo do procedimento superficial que comanda a maior parte das afirmações e comportamentos humanos, distanciados de um processo reflexivo mais acurado e sistêmico, notadamente no que se refere aos avanços tecnológicos empresariais.

Schumacher já mencionava, em "O negócio é ser pequeno", o parecer de pessoas conscientes de que o desenvolvimento tecnológico havia enveredado pelo caminho errado e precisava ser redirecionado. Ele denominou essas pessoas de "filhos pródigos" que têm coragem de dizer *"Não" às modas e fascinações da época e questionar os pressupostos de uma civilização que se afigura destinada a conquistar o mundo inteiro; o vigor exigido só pode provir de convicções profundas.*

É comum verificarmos, por exemplo, as respostas dos participantes quando questionados sobre sua crença ou não em Deus, em entrevistas nos meios de comunicação.

Muitos, em suas argumentações, insistem em não compreender os desígnios divinos nas desgraças terrenas, como guerras, ondas de violência, epidemias e doenças que se propagam e causam sofrimentos. Se Deus, afirmam eles, espelha a suprema união de bondade e amor personificados em Seu Ser perfeito, como justificar tais calamidades?

Se aprofundarmos nossa capacidade reflexiva sobre essas questões, concluiremos que todos os males relacionados nada mais são do que frutos provenientes das próprias ações humanas (ou desumanas), e Deus nada tem a ver com isso.

Quem engendra as guerras? Quem provoca o surgimento de doenças por ações ou costumes nocivos e negligentes com a própria saúde? Quem agride ou extermina os próprios irmãos ou abusa covardemente da vulnerabilidade animal? Quem se beneficia com a indústria bélica? Quem polui ou desertifica a natureza? Quem promove discriminações étnicas, sexuais e financeiras? Quem corrompe com o poder do dinheiro? E aqui poderíamos preencher páginas e páginas com incontáveis interpelações desse teor.

Mas, a título de exemplificação, cremos já ser o suficiente para repensar nossos procedimentos e admitir culpas pela superficialidade costumeira com que avaliamos todas as questões.

Portanto, resta-nos eximir o Senhor do que Lhe é leviana e indevidamente atribuído e assumir com humildade a responsabilidade pelas nossas ações impensadas e apressadas que, em um círculo vicioso, promovem e colhem o mal por si mesmas.

Queiramos ou não admitir, uma Força Superior que podemos chamar Deus legou-nos uma consciência e um manual de regras para ser utilizado com sabedoria. Construiu-nos como senhores de nossos atos e proveu-nos de inteligência e liberdade de escolha. Cabe-nos, pois, a opção de praticar o bem ou de nos encaminharmos para nossa própria destruição.

Contudo, como sabiamente registra Giannetti, *a liberdade de escolha desligada da capacitação para o seu exercício é uma expressão vazia*[13].

E podemos aqui complementar com Schumacher ("Small is beautiful"): *A sabedoria requer uma nova orientação da ciência e da tecnologia voltada para o orgânico, o suave, o não violento, o elegante e o belo.*

Enquanto não podemos atingir esse grau de perfeição em decorrência da pouca generosidade humana, resta-nos filosofar como Riobaldo, personagem de Guimarães Rosa: *Tendo Deus é menos grave se descuidar um pouquinho, pois no fim dá certo*[14].

Às vezes, a própria filosofia popular encerra sábios conceitos que podem nos sensibilizar. Por exemplo, quando nos vêm à memória saudosas palavras de nossos pais a nos advertir com simplicidade e pureza de espírito: *Cada um colhe o que planta.*

Não é necessário um tratado filosófico ou argumentos ricamente elaborados para nos fazer compreender o valor moral contido nessa singela admoestação, baseada na sabedoria bíblica. Há quem afirme que as coisas profundas são complexas e exigem um discurso complexo, e que o homem às vezes complica desnecessariamente aquilo que pode ser dito com simplicidade.

Diz a sabedoria de Schumacher ao criticar a sociedade voltada exclusivamente para a alta tecnologia: *Qualquer tolo pode tornar as coisas complicadas, mas um gênio torna as coisas simples*[15].

De volta ao mundo dos negócios, verificamos freqüentes e embaraçosas ocorrências originadas de determinações e procedimentos precipitados ou criando complexidades inadequadas em assuntos de fácil e rápida solução.

Modelos de procedimentos empresariais apartados de sensibilidade e de valores espirituais nem sempre conduzem a bons resultados. Em seu livro "Jesus, o maior psicólogo que já existiu", Mark W. Baker afirma: *Dizemos coisas como: "Por favor, limite-se a me apresentar os fatos", como se obter os fatos fosse realmente a coisa mais importante a ser feita.* E ele reconhece que, para Jesus, *agir com sabedoria era muito mais importante do que acumular fatos objetivos*[16].

Por isso, é recomendável analisar e saber concretamente o problema para depois buscar soluções pautadas no bom senso e na generosidade.

Divergindo da filosofia divina, atitudes pouco generosas adotadas por alguns dirigentes nas soluções de seus problemas geram descontentamentos, com reflexos negativos em seus resultados.

No universo empresarial e mesmo em outros campos das atividades humanas, não são raras as situações conflitantes em que se demonstram insensibilidade e falta de discernimento em decisões apressadas. Há sempre uma propensão para análises superficiais e precipitadas, sem avaliações precisas em situações conflitantes.

Em muitas ocasiões ouvimos frases do tipo: "Não temos tempo para reuniões", "tempo é dinheiro" ou alguma coisa semelhante. Mas a "economia de tempo", proveniente da falta de reuniões, normalmente gera perniciosos desacordos e desentendimentos e causam danos à empresa em seu processo econômico e em seus relacionamentos funcionais.

Comportamentos bem equilibrados, sistêmicos e transparentes, estruturados sobre princípios cristãos, respeito e solidariedade, caracterizam posturas verdadeiramente éticas e profissionais que deixam transparecer seu caráter benéfico e harmonioso não somente nos relacionamentos empresariais, mas também em seus resultados positivos.

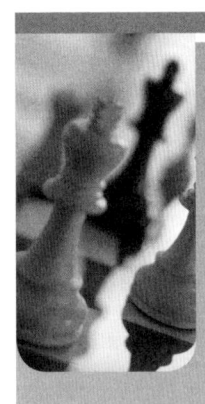

• SÍNTESE

O fator produtivo de maior importância: o trabalho.

Elemento humano: seu papel relevante nas atividades produtivas.

A competência profissional. A esfera de comando. Seu processo de constante atualização.

Inovações administrativas características das empresas atuais.

A emergência de questões éticas e ecológicas nas gestões administrativas.

"Religiosidade" empresarial. A felicidade na execução do trabalho.

Dirigentes: competência e consciência. Técnicas de comando.

Experiência e sabedoria no mundo empresarial.

Empresas nacionais: possibilidade de crescimento profissional.

Riscos empresariais com bons e maus profissionais.

Futuro do sucesso: seu condicionamento ao desempenho e habilidades dos comandados.

Preservação de patrimônios.

Perigosas negligências de comando. Como tratar suas equipes.

Demissões apressadas e injustas.

Sabedoria como valor fundamental.

Disciplina no comando. Atuações administrativas. Procedimentos corretos.

Parcerias: caminho para o sucesso.

O grave problema educacional que afeta as empresas.

Maus hábitos instalados. Dificuldades de superações.

Decisões precipitadas. Um relato interessante.

● PARA LER E REFLETIR

*Organizar o trabalho de maneira que se torne
desprovido de significado, maçante, bruto ou
irritante para o trabalhador seria uma atitude
quase criminosa; indicaria maior interesse nos bens
que nas pessoas, uma malvada falta de compaixão e
um grau de apego, espiritualmente nocivo, ao lado
mais primitivo desta existência mundana.*

E. F. Schumacher

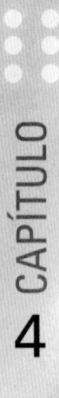

A Empresa Competente

O espetáculo da impaciência e violência que regia as primeiras fases da revolução industrial de maneira espantosa ainda é endêmico na indústria moderna. (...) Todo cristão na indústria sabe disso e sofre com isso. Mas ele pode ao menos trabalhar para reduzir isso.

E. F. Schumacher

Como registramos nas páginas anteriores, as empresas são regidas por princípios econômicos, estruturas organizacionais e regras do jogo de mercado. Logo de início, nos reportamos às palavras de Schumacher ("Small is beautiful") para definir nossas argumentações:

Na medida em que o pensamento econômico baseia-se no mercado, ele subtrai o aspecto sagrado da vida, porque nada pode haver de sagrado em algo que tem um preço. Não é de surpreender, por conseguinte, já que o pensamento econômico impregna toda a sociedade, que até mesmo simples valores não econômicos como beleza, saúde ou limpeza só poderão sobreviver se comprovarem seus valores econômicos.

Embora novas tendências preocupadas com a introdução de um tratamento sistêmico das questões econômicas venham se ampliando e acentuando suas influências na arte de administrar, ainda prevalece, na grande maioria das instituições produtivas, a propensão ao jogo competitivo do mercado capitalista no qual o ganho de uns pode implicar a perda de outros.

Queremos afirmar, de antemão, que não imaginamos empresas como repúblicas povoadas de santos e querubins, nem imaginamos a conversão milagrosa do universo empresarial, como o ocorrido com Paulo na estrada de Damasco, mas, como bem adverte Hazel Henderson, *pretender dirigir um país* (e nós acrescentamos aqui por nossa conta — uma empresa) *só com instrumentos econômicos equivale a tentar pilotar um Boeing "apenas com um reloginho no lugar do painel de instrumentos"*[1].

A voz experiente de Peter Drucker concorda e afirma ter *sérias reservas a respeito do capitalismo como sistema, porque ele idolatra a economia como a essência e o objetivo da vida*[2].

E voltamos às palavras de Schumacher: *No momento em que permitirmos o cálculo econômico invadir tudo, então nada mais valerá a pena*[3].

Em vez de vencer "o mundo" caminhando para a santidade, ele (o homem) tenta vencê-lo conquistando primazia em riqueza, poder, ciência ou, de fato, qualquer "esporte" imaginável[4]. Novamente bem ancorados e adicionando nossas experiências na avaliação da competência empresarial, resolvemos dividi-las em duas apreciações distintas:

1. Considerando-a estritamente do ponto de vista econômico, sob o jugo exclusivo de seus princípios.

2. Inserindo-a em um contexto mais amplo (sistêmico), configurado pelas novas tendências, que abrangem, além de fatores econômicos, aspectos transparentes de ordem ética, social e ambiental — atributos que transformam qualquer empreendimento no que conceituamos como "empresa consciente".

Essa metodologia básica, embora simplificada, nos parece razoável e suficiente, pois se aplica tanto como ponto de referência para questões relacionadas aos negócios como em considerações de outros campos de atividades humanas substancialmente dominados por princípios econômicos.

Vejamos alguns casos.

Quando ocorre, por exemplo, algum tipo de calamidade "econômica" que afeta o mercado global, como o alastramento de uma epidemia em animais destinados ao abate para o consumo humano, antes que bons sentimentos possam levar à compaixão com as pobres vítimas atingidas e estimular hábitos alimentares menos cruéis e mais saudáveis, imunes a sérias contaminações, prevalecem os interesses e as oportunidades econômicas.

Vendo com outros olhos os sofrimentos causados aos animais, bem como seu consumo nocivo à saúde humana[5], talvez fosse o momento de rever os valores éticos e culturais além das causas e conseqüências de caráter econômico.

Assim, alguns países afetados economicamente pelo mal detectado lançam mão de um extermínio (quase sempre impiedoso) de aves e rebanhos infectados, tratados como se nada fossem além de simples mercadorias deterioradas, insensíveis e desprovidas de valor mercadológico. Em contrapartida, nações tidas como "mais afortunadas" regozijam-se com essas "oportunas" ocorrências, visualizando as possibilidades de ampliação de suas exportações e suas conseqüentes vantagens de concorrência. O poderio econômico instaurado sobrepõe-se a quaisquer reflexões de diversa natureza.

Quanto à questão de maus tratos dispensados aos animais, Schumacher afirma: *Não houve sábios nem homens santos na nossa ou na história de qualquer outro povo que fossem cruéis com os animais ou os olhassem como nada mais que utilidades (...)*[6]. E, em suas linhas, ele registra mais adiante palavras de São Tomás de Aquino: *É evidente que, se um homem dedica uma afeição compassiva aos animais, estará tanto mais disposto a sentir compaixão pelos seus semelhantes*[7].

Felizmente, no mundo contemporâneo, diante da crescente covardia humana com relação à fragilidade animal, seja em laboratórios de pesquisas ou em criações para consumo, expande-se a reflexão seguinte: quem concede ao homem o direito de escravizar, maltratar e abater animais, poluir e devastar a natureza, senão a ganância econômica que precisa ser urgentemente revista e controlada?

Acreditamos que a conscientização humana com essas questões vem adquirindo maior expressividade e visibilidade com avanços de movimentos em prol dos direitos dos animais. Entre os nomes que se empenham nessa luta, podemos destacar o polêmico filósofo e autor Peter Singer, em sua obra "Vida ética", em Tom Regan e sua comovente obra "Jaulas vazias". Interessantes são também as palavras da atriz Mary Tyler Moore, registradas na Revista *Época* de 12 de junho de 2006: *Pode demorar um pouco, mas uma hora vamos olhar para trás e nos perguntar como era possível que, em pleno século 21, ainda estivéssemos nos alimentando de animais.* Aqui, completamos o pensamento da atriz militante acrescentando que poderemos também relembrar com horror o covarde abate de animais cujas peles magníficas se destinavam ao comércio imoral da alta costura ou eram imolados em rituais ditos "religiosos".

Abrimos aqui um parêntese para registrar a sensibilidade e a predileção de Schumacher pela alimentação vegetariana e preservadora da vida animal, como nos relatou Hazel Henderson em um de nossos encontros. Ele participava da Soil Association, uma organização destinada a amparar e viabilizar projetos de agricultura orgânica, e propagava a idéia do plantio de árvores frutíferas, *habitats* de muitas espécies, cujas nozes e sementes constituíam ricas fontes de proteínas para os homens e os animais. São palavras desse profeta da ecologia, integrante do grupo editorial da revista inglesa *Plant Foods for Human Nutrition,* lançada em 1968: *Por meio de árvores podemos preservar a vida silvestre, reduzir a poluição e aumentar a beleza de nossas paisagens.*

Verificamos hoje a pertinência da proposta de Schumacher, pois o plantio de árvores constitui um dos recursos mais significativos, se quisermos deter a catástrofe do aquecimento global causado por insensatas atitudes humanas.

Voltando às nossas críticas sobre intervenções econômicas indevidas nas atividades humanas, sob uma ótica cristã, não é difícil identificar suas maléficas intromissões em comemorações expressivas, de caráter religioso, como a Páscoa e o Natal. Nessas ocasiões, uma verdadeira excitação comercial mobiliza as atenções gerais de produtores e consumidores. O clima que deveria sugerir um envolvente recolhimento, reflexão e amor, dada sua magnitude espiritual, é "poluído" por emanações nocivas do mercado.

Ultrapassando os limites naturais da genuína confraternização e alegria familiar, características de nossa tradição e cultura cristã, nessas festividades procede-se a uma matança mais acentuada de pobres animais, obtendo-se lucros oportunistas sobre o sacrifício de vidas indefesas, excedendo-se em gastos desnecessários e elevados consumos alcoólicos e alimentares como formas pouco recomendáveis de reverenciar o Menino Nascido, ou seja, o maior exemplo de amor, desapego e espiritualidade de todos os tempos.

Assim, ao ultrapassar as fronteiras de sua natural competência, a economia, como destaca Schumacher, *torna-se má e destrutiva*[8].

E mais ainda: *A economia sem espiritualidade pode dar-lhe uma satisfação física temporária, mas não pode prover uma realização interior. A economia espiritual traz serviço, compaixão e afinidades no mesmo nível do lucro e da eficiência. Nós precisamos de ambas simultaneamente*[9].

Concordando com as palavras de nosso mentor, voltemos à nossa proposta de avaliação do comportamento empresarial, enfocando sua primeira alternativa.

A Empresa Competente Sob a Ótica Estritamente Econômica

Consideramos aqui como "competente" a empresa dirigida por profissionais devotados a atividades sistemáticas, com interesses voltados para melhorias contínuas de ordem econômica, objetivando a maximização do lucro.

O grau de competência empresarial, neste caso, pode ser detectado objetivamente através dos números do balanço e da evolução da empresa. Não cabe aqui outra preocupação a não ser a obtenção de resultados positivos. O requisito básico de suas aspirações repousa na ênfase econômica.

Assim procede atualmente a comunidade corporativa mundial com sua ótica restrita, dirigida pelas circunstâncias, a zelar somente pela manutenção de suas posições de comando financeiro.

Pressionadas pelos efeitos da globalização do mercado, essas empresas adotam um comportamento defensivo/agressivo diante de fatores que possam ocasionar riscos aos seus resultados.

Para tanto, valem-se freqüentemente de alternativas pouco recomendáveis, expressas, por exemplo, no corriqueiro estabelecimento de unidades fabris (em muitos casos, poluentes) em países pouco desenvolvidos, onde exploram a abundante mão-de-obra de baixo custo e comprometem o meio ambiente ou, ainda, na adoção da plena automação para obter contenção de custos mediante redução do trabalho braçal.

A automação praticamente já nasceu com a atividade fabril, como argumenta Jeremy Rifkin: *Desde o início da Revolução Industrial, máqui-*

nas e formas inanimadas de energia têm sido usadas para impulsionar a produção e reduzir a quantidade de mão-de-obra[10].

Enquanto essa *eficiência econômica* expande-se nas grandes corporações, os empregados banidos do mercado de trabalho ou deslocados para um nível de salários mais reduzidos, segundo Hazel Henderson, *com freqüência não podem sequer comprar os bens necessários à sua sobrevivência e terminam dependendo da previdência social*[11].

Da mesma forma, a exploração da mão-de-obra de baixo custo reporta-se ao início da industrialização norte-americana, quando a criação de escravos estabeleceu-se como uma atividade lucrativa por muitos anos[12]. Evidentemente, essas práticas discutíveis do ponto de vista ético e tantas outras de igual teor podem reverter-se em resultados almejados em curto prazo.

Mas, por outro lado, a edificação empresarial sobre alicerces pouco confiáveis gera problemas que se tornam visíveis na acentuada ampliação de desequilíbrio social, no aumento acelerado do desemprego, na crescente sucessão de práticas pouco éticas e em desastres ambientais que, futuramente, comprometerão seus próprios interesses, desvinculados que estão de valores éticos e consistentes.

Assim diz nosso inspirador Schumacher: (...) *proporcionar oportunidades de trabalho é a necessidade primordial e deve ser o primeiro objetivo do planejamento econômico*[13].

Se imaginarmos uma economia baseada em princípios éticos e cristãos, seria natural que o cuidado com o pleno emprego e o bem-estar coletivo ocupasse destaque nas atuações econômicas e empresariais.

Hoje, infelizmente, o número de pessoas marginalizadas do mercado de trabalho torna-se cada vez maior e compõe um triste quadro de infelizes, desajustados socialmente, doentes e revoltados que, além de não gozarem da oportunidade de se auto-sustentar, oneram o Estado negligente com custos de seguro-desemprego, saúde, segurança e reclusão.

Como bem ilustra Viviane Forrester: *Um desempregado hoje não é mais objeto de uma marginalização provisória, ocasional, que atinge apenas alguns setores; agora, ele está às voltas com uma implosão geral, com um fenômeno comparável a tempestades, ciclones e tornados, que não visam ninguém em particular, mas aos quais ninguém pode resistir. Ele é objeto de uma lógica planetária que supõe a supressão do que se chama trabalho; vale dizer, empregos*[14].

Por conseguinte, gestões subordinadas exclusivamente às leis da economia de mercado, menosprezando valores humanos, seguem um curso perigoso, já sujeito a vulnerabilidades, uma vez que começam a sentir pressões populares no mundo globalizado contra certas atitudes claramente geradoras de acentuado desconforto social.

Apesar de investimentos em alguns projetos periféricos de cunho social, às vezes utilizados para atenuar alguns comportamentos internos pouco éticos, muitas empresas não contribuem de maneira eficaz com a totalidade de requisitos essenciais para caracterizá-las como eticamente corretas.

Em nosso país, os investimentos sociais das empresas, em pesquisa realizada pelo Instituto de Pesquisa Econômica Aplicada (IPEA), deixam claro que *o volume de recursos ainda é baixo e o trabalho é feito de maneira informal, o que provoca fragmentação das ações, desperdício de recursos e perda de eficiência*[15].

Nos países em desenvolvimento, entre os quais se inclui o Brasil, nota-se também, mais acentuadamente, o estabelecimento de comportamentos condenáveis, e não são raras as oportunidades de exploração entre empresas reconhecidas com facilidade em atitudes antiéticas, como cópias de produtos patenteados, espionagem industrial, utilização de matérias-primas de baixa qualidade, exploração de mão-de-obra, devastações ecológicas e outras tantas maquinações escusas e inescrupulosas facilmente acobertadas por corrupções e subornos no jogo em que vale tudo pela moeda e pelo poder.

Abordando essa questão sob o ponto de vista ético-religioso, Vamberto Moraes complementa: *A idolatria do mercado e a tendência a reduzir todas as questões a crescimento econômico e acumulação da riqueza criaram uma mentalidade cada vez mais materialista e obcecada com dinheiro. Aceita-se, sem discussão, que o "normal" é atuar levado pelo impulso do lucro, e a ganância e a inveja são praticamente consideradas virtudes*[16].

Adotada pela economia, essa feição de culto ao dinheiro dá suporte ao "sonho americano" e propaga-se pelo mundo dominado pela cobiça e apartado das noções religiosas de partilha e solidariedade.

Comparando os primórdios do "Sonho americano" com as modernas propostas do "Sonho europeu", magnificamente abordado por Rifkin, observamos alguns paradoxos.

O sonho americano fundamentou-se na religião, e os primeiros imigrantes vindos da Europa trouxeram a Bíblia nas mãos. Em sua evolução, as diretrizes religiosas perderam espaço e cederam lugar à busca dos sucessos financeiros em que a moeda passa a ocupar o centro das atenções.

Como registra Jeremy Rifkin: *Distante, imparcial, automático e autônomo, o novo deus que governa o mercado só entende a linguagem dos números. Em seu domínio, todos os fenômenos se reduzem a valores de* commodities: *custo unitário, preço por quilo, dólar por hora, salários por semana, aluguéis por mês, lucros por trimestre e juros compostos semestrais.* Embora persista uma pálida sensação de que as regras divinas e o poder de Deus dominam a cena, sabemos que isso já não ocorre.

Por outro lado, o chamado "sonho europeu", derivado da União Européia, despreza noções religiosas e qualquer alusão a Deus e toma uma feição consistentemente secular. Mas, ao promover solidariedade, paz entre as nações, bem-estar social, considerações com direitos humanos, supressão de penas de morte e mútua colaboração entre seus integrantes, deixa transparecer a ética cristã influenciando fortemente suas proposições. O pudor que muitas vezes obriga a renegar o nome de Deus em regras estabelecidas geralmente se deve à arrogância intelectual, o que não impede o reconhecimento de contribuições religiosas em suas determinações.

Notamos, pois, uma inversão de posturas. Implicitamente, o sonho europeu traz em sua essência características evidentes de influências cristãs, enquanto o sonho americano que tanto nos encantou afastou-se gradativamente de seus fundamentos bíblicos com a instituição de penas de morte, exclusão social, discriminações étnicas, devastações da natureza e sentimento belicoso de dominação e hegemonia.

Na verdade, o mundo endeusou o dinheiro: sob seu signo, diz Giannetti, ele *usurpa a cena, rasga o* script *e torna-se um tirânico senhor*[17]. E, novamente, Moraes: *Se o dinheiro é considerado a medida do êxito e valor da pessoa, então a sociedade só pode corromper-se mais e mais, já que enriquecer de qualquer modo se converte no ideal supremo*[18]. Não poderíamos deixar de mencionar Bernard Maris, em sua polêmica obra "Carta aberta aos gurus da economia": *Tudo, o esporte, a cultura, a religião, a medicina, a ética, a biologia, o direito, tudo está poluído pela oferta e procura.*

Mas, apesar de toda a evolução tecnológica mundial da qual a grande maioria se orgulha, *somos incapazes de atender o crescente número de seres humanos que estão se tornando desempregados, sem-teto e espiritualmente alienados,* como reconhece Henrique Rattner em "O resgate da utopia".

Essa ganância por resultados tem norteado o comportamento do mundo empresarial com tamanha avidez que não deixa espaço para considerações éticas mais consistentes.

A história que relatamos a seguir é um pálido exemplo do que comumente ocorre no universo empresarial em que domina o mais forte a despeito das leis que se presumem elaboradas para garantir a isonomia de direitos.

Um Exemplo Nada Edificante

Em um passado recente, determinada empresa foi considerada uma das mais promissoras em seu ramo de atividade por haver se instituído a partir de um produto patenteado cuja demanda já despontava no mercado.

Seu inventor, depois de dois anos de pesquisa, contando com o apoio financeiro de bons amigos, propôs-se a criar uma sociedade e fundar a empresa destinada a industrializar e comercializar seu invento.

Pouco tempo depois de seu lançamento, graças às suas qualidades inovadoras e excelente aceitação no mercado, esse produto, logo ao ser distribuído, tornou-se um real sucesso de vendas.

Mas, como no mundo dos negócios impera sempre a lei do mais forte, o próspero negócio passou a ser alvo das atenções da concorrência setorial já estabelecida. Com vitalidade financeira suficiente, outros fabricantes passaram a produzir o modelo cuja demanda crescia a olhos vistos, alguns camuflando a cópia com alterações para descaracterizar a ilegalidade, gerando uma concorrência desleal que dificultou a evolução natural da nova empresa.

Mesmo havendo recorrido aos meios jurídicos para coibir essas ações ilegais, a empresa não obteve o justo suporte e sua invenção permaneceu no mercado como alvo da cobiça e exploração alheia.

Perdeu com isso o inventor, pois diante do quadro comprometedor a sociedade com os amigos se desfez e obrigou-o a contar somente com seus herdeiros para dar continuidade ao empreendimento. Sua idéia primordial de gerar recursos, sustentar dignamente a família, investir em capacitação profissional e sucessivas pesquisas tornou-se inviável diante da ganância que permeia as atividades econômicas.

Contudo, mesmo enfrentando sérias fragilidades financeiras, a empresa conseguiu manter-se em atividade por trinta anos, dirigida pelos sucessores.

Desprovida da vitalidade inicial, imprescindível para configurar-se como um bom investimento, e sem contar com o apoio legal que lhe era devido, a empresa viu-se obrigada, pela sua vulnerabilidade, a desativar suas atividades.

As conseqüências da negligência no apoio a esse processo criativo atingiram não somente o inventor injustiçado, mas também toda sua família que, após anos de dedicação, viu-se desprovida de condições para manter seu negócio. Ocorrências semelhantes se registram a cada momento no agitado e febril universo empresarial, e atitudes pouco éticas e desleais prejudicam e impedem a evolução de muitos negócios bem-intencionados. Grande parte das boas intenções empreendedoras dificilmente é considerada e respeitada no mercado concorrente e, quando ousam enfrentar seu poder econômico e buscar espaço comercial, nem sempre superam os obstáculos ou conseguem sobreviver com dignidade, como no caso descrito.

Boas idéias e projetos inovadores são intimidados por essa agressividade predatória que veda as oportunidades de quem almeja se estabelecer, crescer e vencer com legitimidade no universo empresarial. Muitos são os casos conhecidos de pessoas dotadas de poder criativo que se negam a comercializar suas invenções, temendo desilusões futuras com concorrências oportunistas. Isso ocorre porque, de modo geral, confirma-se sempre a preponderância das regras econômicas sobre o exercício de regras éticas, de desenvolvimento de talentos, de esforços produtivos saudáveis que deveriam impulsionar o início e o crescimento dos negócios, com o adequado amparo legal. Tudo se converte apenas em lutas continuadas pelo acúmulo de lucros, pelo materialismo sem qualquer preocupação ética, seja qual for o porte do empreendimento ou as armas utilizadas para atingir tais objetivos.

Retornamos às palavras do mestre Schumacher: *Aqueles que querem uma boa sociedade, sem acreditar em Deus, não podem enfrentar as tentações do maquiavelismo* (...)[19].

Empresas Negligentes e Tendenciosas

Certas atitudes e comportamentos observados em algumas empresas nos permitem classificá-las como empresas negligentes ou tendenciosas. Este é o *modus operandi* de negócios em que não existem lideranças responsáveis e princípios éticos bem definidos e estabelecidos.

No âmbito mundial, são muitos os casos de atuações não fidedignas trazendo à tona inúmeros escândalos corporativos, envolvendo a administração de grandes grupos internacionais praticantes de métodos comprometedores em suas gestões, que ignoram princípios éticos em suas atuações.

Esses negócios edificados sobre bases artificiais não suportaram a corrosão e desmoronaram, como já registramos[20]. Quando tais escândalos são divulgados, geralmente causam perplexidade em um público menos informado e ocasionam sérios prejuízos a seus acionistas.

Não é de admirar que a confiança pública norte-americana nas empresas vem decrescendo e despencou de 54% em 1965 para 21% em 1994, segundo os dados de David Grayson e Adrian Hodges[21].

Essas crises acentuaram-se em 2002 de maneira grave, e o crescimento de exigências mais severas na transparência empresarial foi apontado como sua provável causa[22]. Desse modo, *a transparência está sendo imposta às empresas, gostem elas ou não*[23]. E essa fiscalização vai aos poucos ganhando espaço e propagando-se globalmente.

As atuais ações dos *stakeholders*[24] cada vez mais organizados por meio da Internet pressionam e vigiam constantemente as empresas e suas atividades, induzindo-as diretamente à adoção de posições mais éticas e transparentes que, na verdade, redundam em maiores oportunidades de prosperidade em médio prazo para os próprios negócios.

Histórias interessantes relatando alguns exemplos estão registradas nas páginas da obra "A empresa transparente", citada anteriormente.

No caso brasileiro, caracterizado por um universo significativo de pequenos e médios negócios, a empresa que se caracteriza por procedimentos incorretos em qualquer área de sua atuação torna-se também alvo de críticas, que vão sendo espalhadas e não deixam de comprometê-las no mercado. Essas empresas também demonstram irresponsabilidades com relação aos seus profissionais e são capazes de comprometer o futuro de bons talentos em suas carreiras profissionais.

Empresas também podem pecar quando não observam princípios rigorosos em seus processos produtivos, utilizam matérias-primas de baixa qualidade e abastecem o mercado com produtos pouco confiáveis, muitas vezes prejudiciais à saúde humana ou animal. Há casos em que tomam atitudes predatórias comprometendo também o meio ambiente.

Às vezes, tais procedimentos pouco louváveis não são tomados nas empresas com más intenções conscientes. Afastadas de princípios ético-administrativos, suas ações refletem, em muitos casos, imaturidades profissionais ou despreparos em seus comandos que, habitualmente, consideram resultados financeiros como única finalidade das atividades empresariais.

Nesse caso, seria interessante o aconselhamento de consultores bem preparados para orientações adequadas, no sentido de ajustar procedimentos e introduzir noções éticas nas decisões internas.

Com as crescentes exigências relacionadas ao papel de responsabilidade social das empresas, vão se estabelecendo, gradativamente, pressões por bons comportamentos, exigindo a instauração de padrões éticos mais consistentes e melhores condições de relacionamentos sociais.

Além disso, hoje já se pode constatar que grande parcela de empresas negligentes ou tendenciosas se caracteriza por uma existência bem abaixo de suas expectativas, sujeitas às ações vigilantes dos próprios consumidores.

As preferências do mercado começam a direcionar-se para empresas que demonstram maiores cuidados com seus processos produtivos e envolvimentos em projetos sociais.

Todos esses fatores nos levam a reconhecer que o curso de mudanças comportamentais no universo empresarial vai adquirindo uma nova feição que deixa entrever, ainda que sutilmente, a introdução de valores espirituais como complemento de suas atividades econômicas.

O Momento de Mudanças

Talvez o momento presente de grandes mudanças institucionais, em que informações positivas ou negativas sobre procedimentos empresariais se propagam com acentuada velocidade graças à atuação de ativistas vigilantes pela Internet, seja o palco onde veremos despertar modalidades inovadoras e o advento de novos paradigmas que certamente afetarão e modificarão o cenário do mundo dos negócios. As aceleradas mudanças mundiais e o dinâmico intercâmbio entre as ciências ampliam os conhecimentos, alteram idéias e comportamentos e influenciam também nas modificações corporativas.

O comportamento e as ações das grandes corporações e também de empresas menores de capital fechado movidas essencialmente para obtenção de lucros deverão modificar seus métodos de atuação, aliando aos seus desempenhos preocupações de ordem social, além das normas exclusivas da economia de mercado. Atualmente, empresas que zelam por sua imagem junto aos *stakeholders* investem em projetos sociais ainda que, algumas vezes, com a finalidade de promover-se no mercado, sem intenções morais de solidariedade.

Mudar as regras do jogo econômico quando isso significa distribuições mais justas de lucros e a observância de princípios éticos e comportamentais de caráter social e ambiental são desafios que os negócios estão atualmente enfrentando. Talvez seja essa a mais nobre e ousada utopia humana pela importância acentuada que as empresas representam no seu poderoso papel de partilhar resultados e difundir novos princípios.

Intuitivamente, ocorre-nos a percepção de que idéias e crenças inovadoras, relacionadas a atividades econômicas e administrativas, ensaiam primeiros passos para configurar estruturas organizacionais providas de uma nova e espiritualizada consciência empreendedora.

Um Novo Esboço Empresarial

Uma empresa competente, quando adota modificações internas em suas atuações influenciadas por novos paradigmas, que incluem ética, responsabilidade social e preocupação ecológica, nos permite classificá-la de acordo com a nossa segunda alternativa proposta, ou seja, inserindo-a em um contexto mais refinado e amplificado de comportamento corporativo.

A iniciativa privada torna-se, então, depositária de um número significativo de responsabilidades e, para configurar sua legítima competência, deve expandir sua capacidade de ação para além das regras já estabelecidas anteriormente e ditadas apenas pelas tendências econômicas.

Desta forma, despontam no cenário empresarial alguns comportamentos administrativos inovadores e peculiares, produtivos e responsáveis, que passam a compor uma nova cultura organizacional mais rica e participativa, caracterizando o que conceituaremos doravante como *empresa consciente*.

E, ao tornar-se consciente, ela se transformará em unidade produtiva vigorosa, apta a inibir com maior facilidade os riscos de fracasso, porque sua mente aberta para o universo multidisciplinar abrange com equilíbrio o campo de inter-relações econômicas e sociais consideradas com idêntico valor em suas decisões e atuações. Libertando-se do conformismo que prejudica e exclui do mercado muitos negócios acomodados, registrados em páginas da história administrativa, as atividades da *empresa consciente* revelarão um saudável dinamismo em suas atividades ao conciliar razão e intuição em suas decisões. Seus dirigentes e colaboradores, portadores das qualidades da nova "consciência empresarial" desenvolverão entre si uma harmônica sinergia, e os resultados atingidos provavelmente retratarão eficiências, responsabilidades internas e comprometimentos sociais previstos na proposição dessa nova modalidade empresarial. O grau de "eficiência produtiva" criado na economia norte-americana e expandido para o mundo todo, como afirma Rifkin ("O sonho europeu"), é a *ferramenta suprema para explorar os recursos tanto humanos como naturais da Terra, para promover a riqueza material e o progresso econômico.* E mais adiante, conclui o referido autor: *Se a terra prometida é, de fato, a boa qualidade de vida, não se pode chegar lá se um cronômetro for o único guia.*

A prodigalidade de citações inseridas neste capítulo tem como objetivo reforçar a visão do momento de mudanças que estamos atravessando em todos os setores de atividades humanas. Ao mesmo tempo, fornecemos ao leitor possibilidades de aprofundar-se em assuntos de seu interesse pessoal. O importante é que não é possível imaginar que o direcionamento atual econômico-empresarial possa perdurar indefinidamente como um ponto ótimo atingido.

Atitudes, esquemas de comando, finalidades e comprometimentos corporativos precisam ser urgentemente revistos.

Uma dinâmica alternativa e mais humana é o que pretendemos sugerir com a nova feição empresarial.

O perfil definitivo da *empresa consciente* está condicionado a uma série de alterações, atuações, comportamentos e compromissos a serem assumidos, que constituem para nós componentes básicos imprescindíveis e desafiadores. Muitas dessas idéias talvez sejam encaradas tradicionalmente como ameaças a serem combatidas ou sonhos mirabolantes que nunca se concretizarão.

Mas isso deve ser encarado com naturalidade, pois qualquer processo inovador normalmente desperta reações contrárias.

Os pormenores que identificam o nosso conceito de *empresa consciente* encontram-se registrados no Capítulo 6.

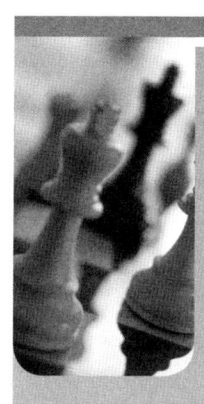

• SÍNTESE

A empresa competente

Valorização dos bens de mercado. Críticas de Schumacher.

Prevalência do jogo competitivo capitalista nos negócios.

Hazel Henderson e Peter Drucker: vozes contestadoras.

Enfoques distintos de avaliação: empresa competente e empresa consciente.

Avaliações no campo econômico e questões sociais.

"Poluição" econômica no campo religioso.

O quadro maldoso da exploração econômica dos animais.

Empresa competente: seu objetivo focado no lucro, sem outras considerações.

Atitudes pouco recomendáveis na direção dos negócios.

Exploração da mão-de-obra e o drama do desemprego.

Curso perigoso de gestões negligenciando avaliações mais profundas.

Investimentos sociais no Brasil: sua pouca relevância.

Comportamentos antiéticos nas empresas.

Observações sobre empresas negligentes.

Necessidade de mudanças no panorama empresarial. Aplicação de valores espirituais em suas decisões.

Uma nova modalidade empresarial: um comportamento inovador e responsável.

A empresa consciente.

• PARA LER E REFLETIR

Não é preciso dizer que riqueza,

educação, pesquisa e muitas outras coisas

são necessárias a qualquer civilização, mas o que

é mais importante hoje em dia é uma revisão dos

fins aos quais esses meios pretendem servir.

E. F. SCHUMACHER

CAPÍTULO 5

A Empresa Familiar

Considerai a vossa semente:
Feitos não fostes para viver como brutos.
Mas para buscar virtude e conhecimento.

DANTE ALIGHIERI

Sua Constituição

Um empreendimento familiar, a exemplo do que ocorre com qualquer outra empresa, pode se classificar como *empresa competente* do ponto de vista econômico, objetivando apenas o lucro, ou como *empresa consciente* quando suas ações se estendem eticamente para um universo mais abrangente de respeito e preservação do meio ambiente, compartilhamento de resultados e comprometimento social. Ela difere das outras modalidades empresariais somente pela estrutura familiar em sua administração e comando.

Da mesma forma que uma unidade familiar é composta de pessoas que nascem e crescem criando raízes em seu próprio reduto de crenças e valores culturais, podemos também nos referir ao nascimento, estruturação, formatação e crescimento das atividades empresariais familiares.

No mundo dos negócios, uma empresa desenvolve sua cultura peculiar e obtém bons resultados a partir das ações humanas de seus dirigentes e colaboradores que, além de um grande esforço de trabalho e competência, devem estar imbuídos de uma dose de abnegação, indispensável para o progresso de qualquer empreendimento.

Quem se aventura em um projeto com frouxidão de ações e comportamentos dificilmente atingirá maturidade empresarial. O correto é aliar o arrojo saudável com a percepção das tendências macroeconômicas sem perder de vista seus comprometimentos operacionais e financeiros.

Com nossas atenções voltadas para enfatizar o valor das influências espirituais no mundo dos negócios, cabe-nos aqui ressaltar a idéia de que a empresa oriunda do ambiente familiar tem seu sucesso futuro condicionado não somente ao talento empreendedor e ao trabalho competente de seus componentes, mas também ao grau de harmonia e afetividade em seus relacionamentos e sua postura ética, que nada mais são do que características notadamente estruturadas em preceitos de ordem espiritual/religiosa.

Quando a família, como núcleo primordial da evolução da sociedade humana, preenche os requisitos básicos de uma sólida formação espiritual, ela poderá constituir-se o nascedouro apropriado e concretizar negócios duradouros e bem-sucedidos. Cabe a ela, portanto, delinear as diretrizes sobre as quais o empreendimento vai se apoiar para desenvolver e configurar o seu perfil no mundo dos negócios e também sua correta inserção na sociedade e na comunidade a que pertence.

Sem recorrer a profundas aferições históricas ou estatísticas, mas valendo-nos de uma percepção acurada, boas informações literárias e, principalmente, significativo número de exemplos vivenciados, tendemos a crer que empresas dessa natureza, nas quais o sucesso integral foi atingido, geralmente foram edificadas por pessoas inteligentes, de bons princípios éticos, suficientemente dotadas de sensibilidade para verificar que a soma dos talentos individuais, a harmonia de seus relacionamentos e sua tranqüilidade espiritual produziram efeitos benéficos para todos e para o progresso da empresa.

Nos casos malsucedidos, sempre se comprovou a ausência de respeito a significados mais elevados e um notório predomínio de sentimentos negativos, como cobiça, inveja, desunião e conflitos familiares que extrapolaram seus limites e contaminaram o empreendimento.

É claro que, além de observar essas importantes considerações éticas e espirituais, todo empreendimento familiar, como ponto de partida empresarial, deve contar com uma boa idéia, apoio consensual entre seus componentes, disponibilidade do capital para sua constituição e visualização exata de um nicho de mercado, considerando, de antemão, a presença de uma acirrada concorrência em nosso sistema capitalista e globalizado.

Mesmo quando uma família aposta em um lançamento original, ela não deve imaginá-lo precipitadamente como um sucesso de mercado, pois não é o que sempre ocorre.

O criador de um novo produto, além da expectativa de sucesso, deve também estar preparado para enfrentar eventuais dificuldades e frustrações em seu futuro empresarial. Ainda que assegurado juridicamente com a legitimidade de uma patente, um inventor não estará totalmente protegido em um mercado voraz como o nosso, no qual as leis nem sempre são respeitadas e levadas a sério. Ele sempre estará exposto ao risco de ver seu produto copiado, ligeiramente modificado (às vezes, nem isso) por concorrentes inescrupulosos, mais antigos e fortalecidos financeiramente, o que dificulta o seu ideal de acesso e perpetuidade no mercado, como já abordamos em nosso texto "Um exemplo nada edificante" (Capítulo 4); ou, então, sua valiosa descoberta pode não agradar ou ameaçar interesses de grandes grupos econômicos, o que tornará difícil seu acesso ao mercado.

O sonho do idealizador de um empreendimento familiar constitui a base de sua edificação. Cabe a ele a responsabilidade de viabilizar operacional e comercialmente o seu produto, promover sua marca no mercado e empenhar-se em transmitir aos sucessores a confiança de que a empresa é uma opção viável para sedimentar seus progressos profissionais e garantir-lhes futura estabilidade financeira.

Às vezes, quando os pais vêm de um passado de enfrentamentos com muitas dificuldades, geralmente costumam adotar políticas complacentes, propiciando aos filhos confortos e facilidades de que foram privados em sua mocidade, procurando resguardá-los de quaisquer conflitos, privando-os de excelentes oportunidades do amadurecimento necessário para superar os desafios da vida e das questões empresariais.

Assim, quando uma empresa familiar vence seus primeiros obstáculos e alcança sucesso, geralmente as duas próximas gerações permanecem à frente dos negócios, em alguns casos sem muita inclinação profissional ou vontade própria, submetendo-se às imposições familiares ou por mera conformidade.

Direcionando-se para atitudes equivocadas, nem sempre conscientes das estratégias e da cultura que vai moldando a empresa, seus comportamentos desconectados da evolução natural dos negócios dão origem a um clima de instabilidade administrativa que pode redundar em grandes dificuldades e até determinar seu fracasso.

Nem sempre os sucessores são dotados dos mesmos talentos ou ideais paternos e preferem buscar suas próprias realizações seguindo suas vocações e aptidões pessoais, frustrando, às vezes, interesses e planos familiares.

Mas esse é um aspecto importante que deve ser considerado e respeitado.

Um herdeiro sem ânimo e preparo para gerir um negócio pode levá-lo a uma situação crítica, além de ferir profundamente sua própria auto-estima.

É importante ressaltar que no mundo empresarial não há espaço para grandes manifestações sentimentais, exageradas concessões paternas, flexibilidades freqüentes ou imposições profissionais típicas dos relacionamentos familiares. A linha divisória desses terrenos é tênue e está sujeita a inter-relações consideradas pouco recomendáveis tanto para o progresso empresarial como também para a harmonia familiar.

Deve-se devotar redobrada atenção para, ao menos, tentar superar esses primeiros desafios e conciliar interesses pessoais, pois eles representam fatores determinantes no êxito ou fracasso de qualquer empreendimento.

Em seus relacionamentos profissionais, a empresa familiar que souber dominar divergências e superar desafios por meio da transparência e do desenvolvimento de uma boa gestão administrativa certamente contará com a admiração e a confiança de agentes externos, como instituições financeiras, parceiros de negócios, fornecedores e órgãos governamentais.

Como unidades geradoras de empregos em um país tão carente como o nosso, é de vital importância que essas empresas sejam bem conduzidas e progridam com segurança para exercer seu papel determinante nos processos de inclusão social.

Felizmente, para direcionar com boas informações e exemplos administrativos bem ou malsucedidos, os dirigentes dessa modalidade empresarial dispõem de uma vasta publicação especializada e constantemente atualizada de relacionamentos corporativos, analisando com profundidade temas específicos de gerenciamentos familiares e a problemática decorrente de seu envolvimento na gestão dos negócios[1].

Além disso, as empresas familiares poderão contar com mecanismos internos específicos para contornar e aprimorar seus métodos de administração, como a criação do Conselho de Administração e da holding familiar, que detalharemos a seguir.

A Criação do Conselho de Administração

No mundo empresarial onde se incluem negócios familiares, certas decisões radicais produzem resultados correspondentes de sucesso ou fracasso.

Uma empresa configurada e estabelecida ao longo de uma ou mais gerações não pode correr riscos de jogos ou decisões precipitados e radicais. Qualquer processo de mudança sugerido deve ser criteriosamente analisado e, uma vez comprovada sua viabilidade e conveniência, deve ser implementado.

Não julgamos aconselhável, e até consideramos inoportuna, uma medida de afastamento familiar de cargos diretivos na empresa. Isso porque seus membros, uma vez interessados em permanecer no negócio, formados profissionalmente dentro dela e convivendo dia a dia com os problemas estruturais de organização, conhecem profundamente o seu ramo de atividade e o mercado em que atuam.

As maiores dificuldades que uma empresa familiar enfrenta, às vezes, não são de cunho operacional, mas se relacionam à disputa pela liderança e pelo poder. Nas empresas em que valores espirituais, às vezes bem alicerçados na família, deixam de intervir beneficamente nas decisões dos negócios, essa disputa interna acentua-se e exige uma forma alternativa para sua administração. Quando essas divergências vão se fortalecendo e se tornando crônicas, o melhor a fazer é consolidar um modelo de gestão profissional, sem perda de identidade da empresa, assim como o controle da gestão, por meio da criação de um Conselho de Administração.

Esse Conselho deve ser constituído pelos antigos executivos da família, elegendo-se dentre eles um presidente. Se possível, recomenda-se também a inclusão de profissionais competentes e confiáveis em sua composição, por tratar-se de um órgão superior voltado para o planejamento estratégico, deliberativo e, ao mesmo tempo, fiscalizador.

As relações do Conselho com a Diretoria Executiva devem ser harmoniosas, pois isso consiste em um fator determinante para o bom desempenho corporativo.

A atuação do Conselho de Administração, além do planejamento estratégico, se estabelece na aprovação do modelo de gestão proposto pelos executivos nomeados, assim como o programa orçamentário, investimentos previstos, despesas com novos lançamentos, envolvendo neles o marketing e a logística, projetos de responsabilidade social da empresa, respeito ao meio ambiente e gestão financeira.

Na instauração do Conselho, devem-se preservar princípios éticos e valores acumulados na evolução da empresa, que fazem parte integrante de sua cultura e propiciaram a sua evolução até aquele momento.

Ordinariamente, o Conselho deve reunir-se a cada mês para analisar o desempenho global da empresa e seus resultados e, em caráter extraordinário, sempre que se julgar necessário. A empresa toda deve ser operacionalizada em um processo contínuo e permanente de cobranças sistemáticas entre as diretorias e todos os seus departamentos.

O relacionamento entre o Conselho de Administração e a Diretoria Executiva deve ser sempre de apoio, acompanhamento e análises de resultados e cobranças de metas e objetivos planejados, considerando sempre um processo de melhoria contínua.

Se, porventura, a Diretoria Executiva não cumprir sistematicamente suas metas de eficiência e equilíbrio econômico-financeiro, é dever do Conselho de Administração não negligenciar na busca rápida e eficaz de uma solução para redirecionar a empresa no sentido de atingir seus objetivos maiores.

A Constituição da Holding Familiar

Com o crescimento da família e o conseqüente aumento de seus membros e ramificações familiares, surge um problema, pois geralmente os primogênitos passam a ocupar posições de destaque nas empresas, enquanto os demais sucessores, mesmo após formações acadêmicas, encontram menor espaço para atuar em seu próprio negócio.

Sem contar com noções cristãs de partilha, colaboração e respeito mútuo, que normalmente são pouco observadas nas questões empresariais, a disputa pelo poder ganha espaço e passa a contaminar a empresa e os relacionamentos familiares.

Em muitos casos dessa natureza, a solução adequada tem sido a constituição de um novo negócio, apoiado pela família, que propicia aos filhos mais jovens sua inserção nos negócios e no mercado. Esses novos empreendimentos, na maioria das vezes, caracterizam-se por um grau de interdependência com a empresa mãe.

Os resultados dessa opção podem, no entanto, não conduzir a sucessos convergentes: um negócio pode prosperar e outro não. Quando ocorre uma situação como essa, na qual não há equilíbrio em seus desempenhos, as disputas pelo poder se acirram e provocam o início de cobranças recíprocas entre as empresas.

Para evitar tais conflitos oriundos do afastamento de valores mais substanciais, como já registramos, o método normalmente adotado consiste na profissionalização da empresa, com a criação de um Conselho de Administração. Para evitar, de modo definitivo, interferências e disputas pessoais e familiares na gestão da empresa, é aconselhável a criação da holding familiar.

O estabelecimento da empresa controladora (holding) não prejudica a família, que preserva a sua participação na sociedade, porém com uma característica impessoal, uma vez que os acionistas passam a constituir a empresa controladora.

Os efeitos positivos registrados nessa transformação são os seguintes:

- Ao criar a empresa holding, o patriarca (ou a matriarca), em concordância com seus familiares, pode definir o percentual de participação de cada herdeiro na holding. Isso já constitui um caminho para a divisão de bens familiares.
- Se o patriarca participa como acionista em mais de uma empresa, a holding constituída passa a ter integralmente a sua participação acionária em todas as empresas.
- Nesse ato, desaparece o acionista — pessoa física — e configura-se o novo acionista — pessoa jurídica.
- Se houver interesse familiar, todos os demais bens de sua propriedade podem passar a pertencer à empresa holding e, dessa forma, a questão da destinação do patrimônio familiar estará em um estágio

bem avançado de partilha definitiva. O percentual de participação de cada membro da família na holding já configura uma partilha da herança.

● Na configuração do Contrato Social da Empresa Holding, o patriarca e seus dependentes definem a representação familiar nas empresas controladas, nas funções executivas ou nos Conselhos de Administração. É sempre importante definir o representante e, em seu impedimento, o representante em segunda instância.

● Com a empresa holding, a empresa controlada adquire um caráter de maior profissionalismo sem correr o risco de eventuais interferências dos familiares ligados ou não ao negócio e, dessa forma, a perspectiva de uma gestão mais eficiente torna-se um evento certo.

A empresa holding, por sua vez, como qualquer empresa, terá suas receitas e despesas. As receitas se configurarão conforme a amplitude e natureza da empresa controlada e, ainda, dos bens a ela pertencentes. Portanto, poderá receber aluguéis, juros sobre o capital social, além de dividendos e rendimentos de aplicações financeiras e outras.

As despesas são normalmente as correntes, além de pró-labore da diretoria. Ao final de cada exercício, elas podem, ainda, repassar aos acionistas os dividendos como parte do lucro auferido pelas controladas.

A Importância de Valores Espirituais nas Empresas

Empresa sem alma, negócios sem compaixão, indústria que não respeita a ecologia, bancos que agem sem espírito de justiça, economia sem igualdade só podem causar o colapso da sociedade e a destruição da natureza. Somente quando espírito e negócios trabalham juntos, a humanidade encontra coerência em seu destino.

SCHUMACHER UK-THE CREATE ENVIRONMENT CENTRE

Em nosso trabalho, sempre como tópicos complementares, em muitas de nossas páginas voltamos a insistir que, a partir da união de pessoas sensatas, competentes, equilibradas e instruídas espiritualmente, é possível pavimentar um caminho de sucesso em qualquer espécie de atividade econômica. Nessa modalidade empresarial, os riscos de fracasso se tornam quase sempre minimizados em virtude da consideração de valores não apenas econômicos.

Esse talvez seja um viés pouco considerado na literatura disponível para negócios, viés que particularmente consideramos de primordial importância para o sucesso de qualquer empreendimento.

Administrar negócios familiares, ou não, como se pode constatar em inúmeros exemplos, não se constitui uma atividade tranqüila, permeada de sucessivas satisfações. As dificuldades também estão presentes, os desafios existem como ocorrências normais próprias dessas atividades.

Reconhecemos, contudo, que os laços de família contribuem de certa forma para que as dificuldades se tornem mais assíduas, porque é um grande desafio estabelecer limites entre negócios e relacionamentos pessoais e evitar práticas de nepotismo injusto.

O sucesso duradouro não acontece por acaso. Ao contrário de construir, que demanda longo tempo e geralmente consome devoção e esforços de toda uma geração, destruir é fácil e rápido, como já afirmamos.

Na segunda ou terceira geração, a figura forte do fundador já não atua, e a empresa passa a ser administrada por seus sucessores que praticamente não se escolheram por vontade pessoal, mas têm a obrigação de se unir e se harmonizar entre si para dar continuidade ao empreendimento. Por essa razão, nem sempre a instituição familiar, apesar de suas boas intenções iniciais, atinge um sucesso permanente. Algumas delas sucumbem em seu nascedouro, outras resistem por certo tempo, enquanto outras afetam e desarmonizam as próprias famílias e, sem condições de reversibilidade, capengam em sua ineficiência até a extinção.

Se a família não possui um patrimônio substancial para provê-la, além dos lucros da empresa, ela não terá condições de manter seu padrão de vida e sofrerá as conseqüências dos procedimentos inadequados em sua gestão. No universo empresarial, muitas empresas familiares desaparecidas tiveram seu fim determinado por graves desavenças internas.

A complexidade que envolve as situações adversas dentro de uma empresa familiar seria suficiente para compor um volumoso tratado. Não pretendemos, contudo, discorrer demasiado sobre o assunto já abordado exaustivamente em publicações de comprovada seriedade[2]. Vamos apenas ilustrá-lo com a transcrição de uma história que expõe espirituosamente uma face dessas dificuldades:

Os controladores de uma empresa familiar contrataram um consultor para solucionar um conflito de relacionamento que parecia comprometer o futuro do negócio. Depois de escutar as razões de todos os parentes, o consultor os reuniu e disse:

— Eu só vejo duas saídas para o caso. Uma é lógica e racional. A outra é milagrosa. A lógica e racional é uma fada descer do céu e, ao tocar os integrantes desta família com sua varinha de condão, levá-los a resolver suas diferenças.

— Essa é a saída lógica e racional? Qual é, então, a saída milagrosa? — perguntou o patriarca e presidente da empresa.

— A saída milagrosa é esperar que vocês se comportem como gente grande e se sentem à mesa por 5 minutos para resolver o problema[3].

Esse pequeno episódio registrado com bom humor não deixa de retratar fielmente como parecem complicados os entendimentos entre familiares, nem sempre com predisposição para se unirem e resolver suas questões e determinar uma diretriz de sucesso comum.

Há, muitas vezes, por parte de componentes de muitas famílias, uma séria aversão a reuniões; talvez pelo receio de expor suas fragilidades diante dos parceiros ou pelo fato de exercerem um poder de comando auto-atribuído e julgarem-se suficientemente esclarecidos para desconsiderar as opiniões de seus pares.

Todos os aspectos negativos, sintomáticos de empresas familiares mal constituídas que corroem seu desenvolvimento, deixam transparecer, em muitos casos, a ausência de valores espirituais como pólo inspirador de procedimentos equilibrados, justos e compensadores que deveriam ser, *a priori*, um escudo protetor contra atitudes agressivas e negativas nas estruturas organizacionais.

Com o passar do tempo, as gerações sucessivas geralmente vão se distanciando das crenças e valores que alicerçaram o empreendimento em seus primeiros tempos, e isso afeta sua estabilidade.

Nem tudo, porém, leva a um triste final. As maiores corporações mundiais nasceram de empreendimentos familiares e conquistaram permanência no mercado.

No caso brasileiro, em que 99% das empresas são formadas por unidades familiares, apesar dos sucessivos e freqüentes impasses, discordâncias e desavenças mencionadas, há bons exemplos consistentes e bem reconhecidos em nossa economia comprovando como foi possível estabelecer a longevidade empresarial.

Graças ao desempenho eficiente e correto de sucessivas gerações em seus percursos de comando que, em sua maioria, sempre aliaram às suas competências administrativas o bom senso, o respeito à harmonia, à tradição e aos valores familiares, o sucesso manifestou-se com equilíbrio e harmonia.

Diante dessa constatação, podemos reafirmar nosso pensamento de que as manifestações espirituais, sem confrontar com a finalidade mercantil dos negócios, prestam-se ao valioso papel de contribuir com eficácia para o sucesso de qualquer empreendimento e para a paz e o entendimento familiar.

Dispersão de Talentos

Em nossa caminhada no mundo dos negócios, às vezes nos deparamos com determinadas situações de conflitos internos, cujas conseqüências levam, quase sempre, a um desfecho não muito feliz.

Um bom exemplo merece citação para demonstrar como um sério perigo pode comprometer o futuro de uma empresa e pode servir como alerta para os empresários passíveis de defrontar-se com idênticas ocorrências no decorrer de suas atuações profissionais.

Esse caso ocorreu em uma empresa familiar considerada de porte médio dentro de sua especialidade, dirigida pelos sócios proprietários, com um futuro mercadológico promissor, mas que se viu obrigada a encerrar suas atividades depois de alguns anos de árduo trabalho na tentativa de estabelecer-se no mercado.

O problema da profissionalização administrativa que, com o passar do tempo, foi se delineando como imperativa para seu progresso não recebeu por parte de seus dirigentes a devida atenção. Nas duas primeiras décadas de sua existência, os conhecimentos e a dedicação ao trabalho por parte dos sócios foram suficientes para fazer progredir a empresa sem grandes problemas. Dotados de pouca experiência administrativa e fabril, foram adquirindo um *know-how* específico e valiam-se apenas de um relativo bom senso para a simples administração inicial.

Mas, à medida que a complexidade natural que acompanha a evolução de qualquer atividade foi tomando corpo, a necessidade de um gerenciamento empresarial mais robusto tornou-se imprescindível. Em um determinado momento, essa ausência de percepção passou a exigir de seus proprietários uma urgente reestruturação, sob pena de se condenar o negócio a um irreversível processo degenerativo.

A falta de entendimento entre os sócios em relação às necessárias inovações nas áreas administrativa e produtiva levou-os a sérias desavenças, visíveis aos olhos dos empregados, que passaram a formar dentro da empresa os famosos "times", nos quais cada um demonstrava simpatia por um dos superiores, apostando na derrota dos adversários.

Tal procedimento reconhecidamente imaturo do ponto de vista empresarial ocasionou a dispersão dos esforços que até então mantinham coesas as decisões diretivas e a prosperidade do negócio.

Essa narrativa comprova a triste constatação: os talentos gerados e já treinados dentro da empresa foram sufocados, alguns bons colaboradores desligaram-se espontaneamente diante do quadro nebuloso, sem expectativas de futuro, e os prejuízos, a princípio modestos, foram se agravando e afetando os resultados do empreendimento, comprometendo sua imagem no mercado e seu setor financeiro, encaminhando-a para um inevitável encerramento.

Dessa forma, encerrou-se uma atividade produtiva que havia sido lucrativa e geradora de empregos. A sociedade se desfez em um ambiente de discórdia e acentuado desentendimento entre os sócios, que perderam uma importante oportunidade de desfrutar da permanência do sucesso empresarial e estabilidade financeira, além de comprometer seriamente os laços de amizade que os uniam.

Limitações Administrativas

Um novo empreendimento surgido e instalado a partir da concretização de uma boa idéia necessita de uma boa administração para torná-lo viável.

Nem sempre o fundador ou fundadores de um negócio possuem vocação ou qualidades inerentes para exercer a contento essas atividades.

Um empreendedor nem sempre se transforma em bom empresário. Sua idéia inicial pode ser brilhante e sugestiva, mas não vem obrigatoriamente atada a habilidades de gestão empresarial.

Schumacher recomenda com lógica que ao lado de um homem criativo deve sempre estar um homem de negócios que saiba mensurar comercialmente a validade de investimento em algo novo e conclui: *Então isso é uma combinação muito saudável*[4].

Efetivamente, todas as vezes que um negócio iniciado por um espírito talentoso atinge certo grau de desenvolvimento, ele se deparará com duas opções futuras: preparar profissionalmente as pessoas envolvidas em sua administração ou contratar pessoas capacitadas para essa finalidade.

Na primeira hipótese, o processo demanda um grau específico de dedicação vinculada à complexidade que envolve a própria atividade empresarial.

Os administradores precisam estar imbuídos de uma vontade legítima de crescimento profissional para que a empresa não seja prejudicada em sua condução.

Quando essa profissionalização exigir um empenho exagerado e nem sempre viável, é mais aconselhável apostar na segunda alternativa, ou seja, estudar possibilidades de confiar a administração a profissionais éticos e competentes para dar continuidade e impulsionar a saudável evolução do empreendimento.

Assim é que, após a primeira geração e seu empenho em um árduo e sacrificado trabalho direcionado para o fortalecimento e a sobrevivência do negócio, as desavenças, geralmente surgidas entre os integrantes da segunda geração, prenunciam conflitos futuros de comando entre eles.

A busca pela hegemonia de poder torna-se, em geral, um evento certo. Nessa etapa, quando um dos sócios, por exemplo, propõe a contratação de determinado profissional para assumir um cargo de comando na empresa, isso pode gerar nos demais a desconfiança de que entre o contratante e o contratado há um "pacto" que pode ferir seus interesses. Esse fato pode dar início a um processo de boicote nas tarefas do contratado, despertar um sentimento negativo de inveja ou menosprezo por seu trabalho e uma rígida postura de não-colaboração que ocasiona a perda de todos os envolvidos: a própria empresa, seus sócios e o profissional remunerado que, cerceado em sua atuação, não será capaz de atingir bons resultados para a empresa e para si mesmo. Se o contratado for um profissional consciente, ele certamente tomará a iniciativa de desligar-se da empresa em que não vislumbra um ambiente adequado onde possa desenvolver o seu trabalho ou para potencializar o desenvolvimento empresarial.

Em nossas trajetórias profissionais, não são poucos os exemplos similares que temos presenciado e que acabaram por inviabilizar ou comprometer seriamente o progresso de negócios promissores.

Os sentimentos negativos detectados dentro de uma empresa sempre despertam a necessidade de uma avaliação que transcende as observações administrativas e recai em reflexões mais profundas de caráter ético e espiritual.

Lidar com pessoas quando se perde de vista a dimensão religiosa na comunicação e não somos providos de uma visão ética e cristã do comportamento humano é tarefa difícil.

Algumas máximas contidas nos ensinamentos religiosos, como o simples aconselhamento *Ama ao próximo como a ti mesmo*, certamente seriam úteis e suficientes para que houvesse entre as partes a consideração e a harmonia necessárias para seu processo de evolução tanto pessoal como profissional. E certamente teriam levado os protagonistas descritos nas páginas anteriores a uma postura mais amadurecida e sensata cujos benefícios se estenderiam por todos os envolvidos — patrões e empregados —, salvaguardando a perenidade do negócio.

Pode-se atribuir a essa afirmativa uma conotação de excessiva ingenuidade ou sentimentalismo, mas cremos sinceramente que a simples recorrência a reflexões dessa monta poderia efetivamente consertar muitos estragos e prejuízos ocorridos na administração dos negócios, habitualmente estruturada na superficialidade de ocorrências materiais sem atentar para a pertinência e a importância da inclusão desses valores em suas avaliações.

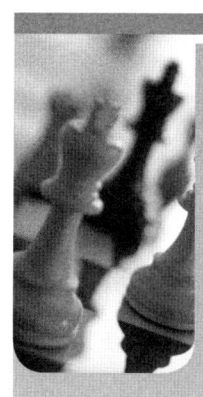

• SÍNTESE

A empresa familiar

Empresa familiar. Sua expressão competente e consciente. Instalação e crescimento.

Mecanismos importantes para garantir o sucesso harmonioso da empresa: o Conselho de Administração e a holding familiar.

Valores espirituais e econômicos conciliados para seu sucesso.

Empresas criadoras de novos produtos: expectativas e dificuldades.

Papel relevante do idealizador do negócio familiar.

Sucessores herdeiros. Seus talentos ou negligências.

Empresa x família: um relacionamento delicado.

Estabilidade de uma empresa familiar e as sucessivas gerações.

Empresa como única fonte de recursos familiares. Desavenças internas.

Caso ilustrativo.

Ausência de valores espirituais. Distanciamento de tradições familiares.

Dispersando talentos: os desentendimentos administrativos de comando e suas conseqüências negativas.

Empreendedores e empresários. Preparação profissional ou contratações.

Sucessores. Busca pelo poder.

Executivos contratados. Divergências entre herdeiros.

Reflexões éticas mais profundas.

O amor ao próximo dirigindo os negócios.

Amadurecimento benéfico para todos os envolvidos.

● **PARA LER E REFLETIR**

Em qualquer organização, grande ou pequena,

deve haver certa clareza e ordenação: se as coisas

ficarem desordenadas, nada poderá ser realizado.

Todavia, a arrumação, como tal, é estática e sem vida;

portanto, tem de haver bastante folga e liberdade de

ação para romper a ordem consagrada, para fazer

coisas que ninguém fez antes, nunca previstas

pelos guardiões da disciplina e do método, o novo,

imprevisto e imprevisível resultado de uma idéia

criativa do homem.

E. F. SCHUMACHER

Empresa Consciente – A Nova Proposta

Como cristão, permito-me transcrever de São Lucas:
Muito será esperado do homem a quem muito foi dado.
Mais lhe será pedido porque lhe confiaram mais.

E. F. SCHUMACHER

A empresa que nos propomos a qualificar como "consciente" representa todo empreendimento que, embora seja afetado por algumas perdas e dificuldades do ponto de vista econômico, se mantém atento em suas responsabilidades éticas, sociais e ambientais. Sempre vigilante em preservar seus valores, trabalha para evitar possibilidades de lucros originados de processos contrários aos seus princípios.

São entidades que não admitem relativismo de valores, a exemplo do registro evangélico: *Que o vosso "Sim" seja "Sim" e o vosso "Não" seja "Não"* (Mateus 5:37), ou seja, é a empresa com plena consciência de suas convicções[1].

Embora corramos o risco de ser considerados visionários ou ingênuos otimistas, acreditamos que mesmo empreendimentos interessados apenas em atingir metas lucrativas já trazem latente em suas estruturas o embrião capaz de convertê-los, em pouco tempo, se assim o desejarem, em empresas que poderão ser consideradas conscientes.

Mesmo dominados por cenários adversos e com pouca propensão para admitir e adotar posturas éticas e responsabilidades socioambientais, qualquer negócio, nesta era de aceleradas comunicações, está sendo convocado a introduzir em sua administração novas concepções na maneira de integrar-se aos vários cenários mundiais.

Essa visão expandida viabiliza reformulações internas e permite a aquisição de valores que passam a credenciá-lo como portador de melhores qualificações.

Para dar sustentação ao projeto alternativo de empresa consciente, é preciso introduzir no mundo dos negócios premissas como cooperação e solidariedade em substituição ao atual modelo capitalista baseado em disputas e competitividades acirradas.

Por esse motivo, diferentemente de uma empresa competente, a *empresa consciente* é aquela que demonstra maior interesse por ações participativas e insere em suas preocupações a complexidade de seu envolvimento com questões alheias às suas atividades meramente empresariais. Ciente de suas responsabilidades sociais, ela difere de empresas que, segundo considera Hazel Henderson, *não incorporam o pleno espectro de custos sociais e ambientais que podem dirigir o mercado para caminhos insustentáveis*[2].

A *empresa consciente* é a entidade corajosa e vanguardista, gerada a partir de propostas inovadoras, não comprometida com jogos estressantes de competição (ganhar/perder), que adota processos inteligentes de franca cooperação e parcerias, em que todos os envolvidos são vencedores e sobrevivem. Seu objetivo é traduzir-se, como sugere Ignacy Sachs, em atividade *ambientalmente sustentável, economicamente sustentada e socialmente includente*[3].

É a empresa que investe no futuro, pois, com o avanço da globalização e a velocidade com que as notícias se divulgam mundialmente, os bons e os maus comportamentos empresariais podem favorecer ou comprometer as imagens das empresas junto ao crescente número dos *stakeholders*.

Conclusivamente, podemos identificar a *empresa consciente* como uma nova modalidade empresarial na qual o lucro merece atenção, pois *o aspecto financeiro só pode ser ignorado em uma sociedade angelical*[4], mas que integra em suas preocupações fatores não econômicos como aspectos importantes de suas realizações.

Sua Finalidade Econômica

A economia capitalista é louvada por sua inigualável eficiência na produção de bens (riquezas), porém ela também se sobressai por sua capacidade de produzir males sociais e ambientais.

IGNACY SACHS

Entre 1860 e 1870, um novo modelo empresarial estabeleceu-se com poder e autonomia, tendo como objetivo a produção de bens para suprir a demanda do mercado, gerar empregos e obter lucros. As preocupações com o bem comum ainda não complementavam suas pautas, em virtude de seu caráter individualista, com atenções voltadas apenas para os próprios interesses.

Ao mesmo tempo, outras instituições foram se estruturando, direcionadas para a defesa de interesses especiais, destacando-se, entre elas, o sindicato de trabalhadores, com a responsabilidade de zelar pelos direitos da classe operária.

Nessas considerações, como já ressaltamos, não é nosso intento subestimar a legitimidade inicial da empresa que busca lucro. Toda atividade produtiva bem intencionada é instituída com a finalidade de remunerar o capital e o trabalho utilizados no seu processo e zelar para que parte desse resultado possa reverter-se em investimentos para seu crescimento e expansão. Assim procedendo, a empresa cumpre objetivos predeterminados, instala-se no mercado, gera empregos e lucros. O que será alvo de nossas críticas, nessa questão, são os métodos utilizados para atingir tais objetivos.

Quando a preocupação com o lucro assume na empresa o papel centralizador e único de seus interesses, e não lhe permite a ampliação de horizontes participativos além de seus limites, ela corre sérios riscos e pode comprometer sua própria permanência no mercado. Essa postura tipicamente egoísta inibe oportunidades de crescimentos profissionais, não se constitui o alicerce de uma saudável cultura empresarial nem propicia a criação de uma história digna de respeito. A ganância é um vício que gera o clima ideal para propagar corrupções, sentimentos negativos e descontentamentos entre profissionais, e isso representa a soma de fatores negativos que desestabiliza qualquer empreendimento.

Quando uma empresa imagina ganhar apostando apenas no acúmulo de lucros, como é comum no mundo dos negócios, ela não cumpre seu papel social, perde espaço e não garante seu futuro no mercado.

Muitas histórias testemunham trajetórias de negócios auspiciosos, iniciados com amplas possibilidades de sucesso, estabilidade e longa permanência no mundo dos negócios, mas que, repentinamente, se viram às voltas com sérias dificuldades e sucumbiram.

A análise minuciosa de seus desempenhos nos permite concluir que, em muitos casos, a excessiva avidez pelos lucros, a falta de tino administrativo e os desvios financeiros para outras finalidades alheias às intenções do progresso empresarial determinaram o malogro de muitas organizações.

Geralmente, são empresas que têm em seu comando um empreendedor bem-intencionado que aspira o sucesso, mas que muitas vezes não conta com uma equipe preparada e conhecimentos administrativos. Seu procedimento mal estruturado compromete o fortalecimento empresarial e sua inserção econômica. Ao aplicar imprudentemente os primeiros resultados obtidos em investimentos particulares e melhorias precoces em seu padrão de vida, inviabilizam a aplicação dos recursos necessários para favorecer e perpetuar seu próprio negócio.

A euforia dos lucros iniciais, quando não é alvo de um controle austero, pode expor a risco o futuro de qualquer atividade. A tentadora disponibilidade financeira de resultados positivos, se bem direcionada, pode representar a parceira ideal e o estímulo correto para solidificar o sucesso empresarial.

Empresas que bem administram suas receitas, despesas e aplicações atuam corretamente do ponto de vista econômico ao destinar parte dos resultados para seus investimentos internos.

Mas nem mesmo empresas criteriosas estão livres de tentações futuras. À medida que resultados positivos vão se consolidando, seus dirigentes podem sofrer influências em seus comportamentos e, se não contarem com o suporte de valores espirituais, podem resvalar para um comportamento materialista e egoísta e voltar atenções somente para a ampliação de seus lucros. Desse modo, tornam-se economicamente fortalecidos, mas escapam da visão sistêmica e de noções de valores éticos, solidários e sociais que deveriam acompanhá-los em uma trajetória de plena realização. Passam a integrar o grupo de empreendedores devotados apenas ao acúmulo financeiro, sem medir conseqüências dos meios utilizados para galgar posições no mercado.

Como podemos observar, às vezes, o poder corrompe o comportamento humano e o distancia de valores maiores. Nesses modelos empresariais, certamente não há espaço para caminhos mais consistentes de envolvimento com questões sociais. Mas essa aparente ilusão de sucesso, em curto prazo, o tempo se incumbirá de desmentir (esse é o tipo de comportamento descrito no Capítulo 2).

Para envolver-se em um processo sistêmico, transformador da consciência organizacional, as empresas, além de seus resultados financeiros, não podem desprezar correlações e conexões que modernamente começam a ser exigidas nos novos contextos empresariais. O pluralismo atual exige delas *a disposição e a capacidade para manter o foco na função estreita e específica que lhes dá a capacidade de ação, além de disposição e capacidade para trabalhar em conjunto com a autoridade política pelo bem comum*[5].

Para considerar-se uma empresa consciente, embora esteja inserida no modelo de concorrência capitalista, de disputas acirradas de espaço no mercado e de preocupações com suas competências internas, a empresa necessita aliar às suas intenções lucrativas parâmetros de ordem social, ética e ecológica. Deve preocupar-se com a busca de novos direcionamentos que configurem sua consciência de integralidade com o progresso e o desenvolvimento sustentável.

Como já se reconhece, a avaliação empresarial está direcionando-se atualmente para uma ordem mais ampla de valores, na qual se incluem responsabilidade social e preocupação com o planeta em que vivemos. Apesar de prováveis enfrentamentos com algumas resistências dissimuladas e de éticas oportunistas, é de vital importância que as empresas bem-intencionadas se predisponham a divulgar propostas essencialmente éticas e objetivas em seus relacionamentos com consumidores, fornecedores e outros agentes sociais que, em participações ativas, atuam como fiscalizadores, hoje denominados *stakeholders* e passam a vigiar com maior assiduidade e rigor comportamentos e culturas corporativas.

Entre fatores atuais e relevantes para a execução de bons programas de excelência administrativa, abordaremos neste capítulo alguns aspectos de gestões empresariais participativas, seriamente envolvidas com princípios éticos, relacionamento com o meio ambiente e responsabilidade social que, em nosso entendimento, constituem fatores imprescindíveis para configurar feições peculiares e modelos factíveis de empresas conscientes.

É evidente que empresas imbuídas de bons princípios com novas propostas de condutas desafiadoras do atual sistema capitalista assumirão feições diversas condizentes com o meio onde estão instaladas, sofrendo influências locais. A diversidade de suas expressões poderá ser, futuramente, objeto de análises e se converter em publicações para um público interessado.

Seu Comportamento Ético

> *O grande desfecho civilizatório, em um futuro não mais distante,*
> *será o triunfo da moral e da ética sobre o poder e a política.*
>
> FERNAND BRAUDEL

Antes de considerarmos especificamente a ética no mundo das empresas e dos negócios como parte integrante da empresa consciente, vejamos qual é seu significado etimológico. A palavra "ética", em uma acepção mais cabível nesse caso, é definida no dicionário "Houaiss" como *conjunto de regras e preceitos de ordem valorativa e moral de um indivíduo, de um grupo social ou de uma sociedade.* Podemos também conceituá-la como um conjunto de regras de abrangência universal que se destina a orientar de maneira generalizada todas as relações humanas, visando o bem e a felicidade geral.

Segundo o pensamento de G. K. Chesterton, que nos serviu como valioso ponto de referência, (...) *a teologia central cristã* (...) *é a melhor fonte de energia e de ética sã*[6]. E, mais recentemente, Herbert de Souza confirma: *o primeiro código de ética de que se tem notícia*[7], especialmente para as pessoas que admitem alguma versão do cristianismo, *são os dez mandamentos.*

Os princípios éticos assim confirmados e consagrados deveriam, portanto, ser aplicados a todos os campos das atividades humanas, incluindo o mundo dos negócios, como orientadores da conduta humana, seja qual for o campo de suas atividades. Contudo, Schumacher assinala:

> *Em ética, como em tantos outros campos, abandonamos imprudente e deliberadamente nossa grandiosa herança clássica cristã. Degradamos até as*

próprias palavras sem as quais não é possível dirigir o discurso ético, pala-
vras como virtude, amor, temperança. Em conseqüência, somos totalmente
ignorantes, deseducados, na matéria que, de todas as concebíveis, é a mais
importante[8].

O pronunciado distanciamento do processo evolutivo humano dessas normas sagradas tem nos custado um preocupante afastamento de
valores, como bem externou em seu artigo o ensaísta e escritor Jorge
Boaventura:

Quantas vezes terá visto o leitor exaltadas a santidade dos santos, a sa-
bedoria dos sábios, o altruísmo dos abnegados, o heroísmo dos heróis, a bon-
dade dos bons? Quantas vezes terá visto realçada a verdade incontestável de
que, para saber o que convém a nós, seres humanos, é preciso saber o que
somos?[9]

E o autor prossegue enfatizando o acentuado desligamento que se
processa entre nossa essência espiritual e nossas atividades materiais.

Segundo Max Weber, *no setor de seu mais alto desenvolvimento, nos*
Estados Unidos [e podemos completar hoje, em todo o universo capitalista],
a procura da riqueza despida de sua roupagem ético-religiosa tende cada vez
mais a associar-se a paixões puramente mundanas[10].

Se, como afirma Eduardo Gianneti, *a ética sempre foi um tema instigan-*
te e intrigante para a história[11], que dirá quando a ela nos referirmos em
suas introduções e relações com o universo empresarial.

Nas origens das atividades econômicas, o conceito de lucro, pri-
mordialmente considerado um acréscimo indevido sob o ponto de vista
moral, compatibilizou-se com a ética na obra de Adam Smith, "A riqueza das nações"; e, como primeira tentativa de inseri-la nas empresas
em seus relacionamentos humanos, em 1891 foi publicada a encíclica
Rerum Novarum do Papa Leão XIII, que se confirmou como ponto de
partida de reformas sociais mundiais.

Iniciadas, portanto, como uma referência de ordem religiosa no
mundo dos negócios, as considerações éticas foram se fortalecendo e
hoje vão se estendendo para outros campos das instituições corporativas em seus relacionamentos com a comunidade a que pertencem, seus
fornecedores, seus clientes, seus concorrentes e o meio ambiente.

Desse modo, o processo evolutivo da ética vai, atualmente, encontrando espaços progressivos no universo empresarial e se fortalecendo,
especialmente no âmbito de relações humanas. Esses progressos ainda

são tímidos, vagarosos, conflitantes com interesses econômicos que, em sua evolução acelerada do comportamento globalizado, ainda são regidos pelo egoísmo, ganância, cobiça e inveja.

Sen, referindo-se em sua obra à ética empresarial, faz uma alusão ao modelo da indústria japonesa em que se constatava um crescimento não baseado no egoísmo pessoal, mas no respeito ao dever, na boa vontade, na lealdade[12], qualidades essas atribuídas ao bom nível educacional de seu povo. Porém, nesse mundo de velocidades incríveis, nem sempre o que se afirmou ontem, especialmente tratando-se do comportamento humano, tem perenidade garantida. No caso japonês, o país enfrenta atualmente um sério problema relacionado à sua força de trabalho. Segundo afirma um artigo jornalístico, *o Japão, que há muito se orgulha de sua insuperável ética do trabalho, enfrenta uma tendência preocupante: as crescentes ondas de jovens desocupados*[13]. Trata-se de um curioso fenômeno: os jovens japoneses mostram uma tendência ao desinteresse pelo emprego em tempo integral, o que poderá futuramente desequilibrar a economia capitalista do país. São os chamados *neets* (sigla inglesa para "ausente da educação, emprego ou treinamento"). Não vamos aqui especular sobre a atual religiosidade japonesa, mas deduzimos que esse comportamento juvenil pode relacionar-se a uma mudança de comportamento e concepção de vida de sua juventude.

Uma análise, movida em parte pela nossa intuição, leva-nos a supor que administrar, conduzir e educar pessoas exige, também no âmbito empresarial, uma doutrinação ética, expressa no sentimento de respeito mútuo e amparada pela máxima divina de "amor ao próximo".

Embora tenha sido renegada por muito tempo, como pormenor de pouca importância, o processo de estimular relacionamentos pessoais mais cordiais nas empresas hoje se impõe como ferramenta eficiente para motivar as pessoas em suas atividades, diminuir tensões e estimular uma saudável sinergia. Essas "boas ações" implementadas nas empresas nem sempre deixam transparecer suas origens espirituais e o seu grau de estreita conexão com princípios religiosos. Ao lançar mão desses recursos com bases na espiritualidade, geralmente se obtêm bons resultados materiais, em decorrência da participação ativa do seu pessoal motivado pelo bom relacionamento estabelecido na empresa como um todo. É importante lembrar que o elemento humano é peça chave no processo organizacional e, quando se estabelecem motivações e um clima de cordialidade e segurança dentro da empresa, até mesmo seus equipamentos apresentam maiores rendimentos e menores avarias, comandados por mãos satisfeitas. Tudo se equilibra e conspira para o bem.

A ética focada no mundo empresarial apresenta um contexto um tanto complexo, que tentaremos sintetizar.

Como a arte de administrar é regida por normas e princípios econômicos, seria natural a expectativa de que se refletisse espontaneamente em seu comportamento a ética peculiar da própria ciência econômica que, em um simples processo de transferência, deixasse fluir para processos administrativos todo seu acervo de comprometimento ético. Contudo, como já salientamos, a economia há muito se distanciou da ética, e por essa razão é bombardeada freqüentemente por severas críticas, seja em renomados autores passados ou contemporâneos ou em significativos movimentos de segmentos sociais, representados principalmente pelas atuações das Organizações Não Governamentais (ONGs) e, mais recentemente, dos *stakeholders*.

O grande erro é que a economia, não se constituindo uma religião, passou a atribuir-se tal qualificação, ditando normas comportamentais e apregoando dogmas. Desta forma, passou a subverter o espírito humano e tornou o homem cativo de suas atividades, que passaram a constituir o fator de maior importância nas relações humanas.

Como bem argumenta Giannetti em suas páginas saborosas, *a riqueza e a renda, como a saúde, são meios de vida, não a própria vida*[14].

Insistir nessa linha ortodoxa desprovida de valores éticos para formular diretrizes de caráter econômico-administrativo é dar continuidade ao cenário atual, no qual o homem sofre suas conseqüências e permanece privado da força espiritual que o complementa como ser humano. Por essa razão, o círculo não se completa — o que confirma que onde não há interferência divina em vão os homens manipulam dados —; números são apenas números e não quantificam sentimentos...

Esse procedimento econômico inescrupuloso afeta, por extensão, as atividades administrativas em que se registra um análogo distanciamento de valores que impõe restrições para que uma empresa possa manter um elevado padrão ético e configurar-se como consciente.

Concordamos com Sen em sua constatação de empobrecimento ético na economia. Na atual literatura econômica, como ele ressalta, é fácil encontrar *o descaso pela influência das considerações éticas sobre a caracterização do comportamento humano real*[15].

Não é nossa intenção edificar um arcabouço econômico/filosófico provido de princípios para justificar nosso conceito do que encaramos como ético dentro de uma *empresa consciente*. Pretendemos apenas identificar fundamentos básicos, que consideramos indispensáveis para valorações empresariais, contidos nas páginas bíblicas, que nas páginas de Schumacher foram sabiamente aplicados à economia e ao mundo dos negócios, em suas irrefutáveis argumentações *metaeconômicas*[16].

E reafirmamos mais uma vez nossa concordância com o mestre inspirador ao lembrar que os apuros que hoje enfrentamos não estão condicionados diretamente às ciências, mas aos reflexos de seus distanciamentos éticos.

Oportunamente, colhemos nas páginas de Pierre Weil o pronunciamento do Dalai Lama quando foi agraciado com o Prêmio Nobel da Paz (1989):

(...) levar a compaixão até o campo dos negócios internacionais exigirá um tremendo esforço. A desigualdade econômica, especialmente a que existe entre as nações desenvolvidas e as em desenvolvimento, é a maior fonte de sofrimentos neste planeta. Embora percam dinheiro em curto prazo, as grandes corporações multinacionais devem cessar a exploração das nações pobres. Extrair os poucos e preciosos recursos que essas nações possuem simplesmente para alimentar o consumismo no mundo desenvolvido é desastroso: se isso continuar sem controle, todos nós sofreremos as conseqüências. O fortalecimento de economias fracas e não diversificadas é uma política muito mais sábia, tanto para a estabilidade política quanto econômica. Por mais idealista que pareça, o altruísmo, e não apenas a competição e o desejo de riqueza, deveria ser uma força propulsora dos negócios[17].

Nada temos a argumentar contra a lógica dessas palavras.

Mas, às vezes, divagamos se haverá possibilidades reais de incluir princípios éticos em atividades movidas por uma feroz competição.

Indústrias altamente poluidoras ou devastadoras do meio ambiente ou, ainda, fabricantes de produtos nocivos à saúde humana e animal, estimuladas por uma crescente demanda de mercado e amparadas por um marketing duvidoso, estariam dispostas a rever propósitos e converter-se em produtoras, talvez menos rentáveis, de bens condizentes com padrões éticos? Confirmada a cisão entre ética e economia no decorrer do tempo, como admite Sen[18], o que fazer para restabelecer essa união, uma vez que, segundo suas palavras, se todos agissem economicamente movidos pelo altruísmo, *as transações econômicas normais entrariam em colapso?*[19]

Não poderia constituir essa hipótese uma reviravolta interessante?

Mas, de acordo com um artigo de sua autoria, afirma Jung Mo Sung: Negar a idolatria do mercado e mostrar os seus limites não significa, contudo, negar o mercado de uma forma absoluta. Isso seria idolatria ao inverso. O que precisamos é a adequação do mercado ao objetivo de vida digna e prazerosa para todos os seres humanos.

O grande desafio é, portanto, arquitetar um caminho capaz de induzir a um afastamento gradativo de opções egoístas e à adoção do altruísmo como complemento moral em atuações econômicas. E isso nos soa bem familiar quando verificamos que altruísmo é valor de ordem espiritual e tem raízes em bases filosóficas ou, como diria Schumacher, é um valor proveniente de reflexões *metaeconômicas* (questões que estão além de proposições econômicas).

Podemos, então, indagar: economia e altruísmo são compatíveis?

Para representar seu papel de "agente econômico", deve o homem despojar-se de virtudes?

As virtudes, oriundas dos preceitos divinos, promovem bondades: as pessoas movidas por bons sentimentos se associam a grupos envolvidos com ações solidárias, participam de movimentos comunitários ou dedicam-se a suas famílias, e o egoísmo cede espaço para sentimentos altruístas. Elas passam voluntariamente a encarar o bem comum como algo de importância superior a suas próprias satisfações pessoais. E isso quase sempre lhes desperta um sentimento de realização pessoal e de felicidade.

Mas mesmo nesses campos determinados de atuações comunitárias e benemerentes, há sempre riscos de divergências subjacentes quando atrativos econômicos ameaçam contaminar a qualidade das práticas virtuosas.

Voltando ao caso específico do universo empresarial que está sob o comando de homens ou mulheres virtuosos ou não, surge a necessidade de despertar entre eles intenções voluntárias de maximizar objetivos mais relevantes do que o mero acúmulo de lucros. Adotando propostas mais humanas e solidárias dentro da complexidade que envolve as empresas, mais uma vez insistimos que qualquer empreendimento, ao desafiar a perversa ditadura contemporânea do mercado, poderá abrir espaço para caminhos que o conduzam a qualificar-se como *empresa consciente*.

O Comprometimento Atual das Empresas com a Ética

As questões éticas propostas para o universo empresarial podem, às vezes, apresentar aspectos quase impossíveis de se conceber. Seria uma utopia descabida que logo esbarraria em obstáculos intransponíveis, uma vez que o homem prima atualmente pela ganância distanciada da virtude.

Na obra já citada "Utopia cristã e lógica econômica", seus autores Herman Vos e Jacques Vervier desenvolvem um interessante capítulo sobre essa questão, que aconselhamos como boa leitura complementar. Nas linhas do capítulo mencionado, eles salientam: *Nenhuma atividade especificamente humana escapa da necessidade de refletir sobre a sua própria qualificação ética*. E concluem: *A tentativa de reintegrar a economia e a ética é um processo ainda muito embrionário, cheio de incertezas, incógnitas e promessas e, em todo o caso, cativante*.

O que propomos como ponto de partida para se estabelecerem princípios éticos no mundo empresarial é, na verdade, a intenção de modificar comportamentos humanos e afiná-los por meio de uma total mudança de mentalidade.

Diversas organizações têm se desenvolvido no sentido de apoiar e sugerir a implantação de projetos éticos corporativos e, no Brasil, podemos contar com instituições responsáveis como o Instituto Ethos de Empresas e Responsabilidade Social (www.ethos.org.br), que já é referência internacional no assunto e cuja missão é mobilizar, sensibilizar e ajudar as empresas a gerirem seus negócios dentro de padrões éticos e sustentáveis; e o GIFE – Grupo de Institutos, Fundações e Empresas (www.gife.org.br), que tem como objetivo contribuir para a promoção do desenvolvimento sustentável no Brasil.

Na esfera internacional, destaca-se o movimento liderado por Hazel Henderson, o Ethical Markets, uma importante visão alternativa e construtiva da economia que sugere aplicações financeiras em empresas com comportamentos éticos (www.ethicalmarkets.com), que já tem sua versão brasileira disponível no site www.mercadoe-tico.com.br.

Essas instituições que propõem aplicações e desenvolvimentos éticos nas empresas estão favorecendo o aparecimento de uma vasta literatura de apoio e conexões interessantes para orientar uma nova conduta corporativa.

Bons caminhos para essas práticas empresariais se multiplicam e, quando os homens aprenderem a respeitar mutuamente interesses, necessidades e limitações de sobrevivência e souberem respeitar também a natureza em sua totalidade e diversidade, suas divergências e arrogâncias se dissiparão. Como, por exemplo, poderemos sensibilizar empresas detentoras de tecnologias não poluentes próprias a difundirem publicamente tais tecnologias para serem amplamente utilizadas em benefício de toda a comunidade global?

Negócios e ética, temos de acreditar, encontrarão, em um futuro não muito distante, pontos de convergência para compor evoluções e convivências harmoniosas, preservando interesses e propósitos mútuos e suas próprias sobrevivências.

Há muitas maneiras para chegar até lá, e uma delas, bem simples, consiste em iniciarmos dentro de nós mesmos algumas importantes modificações. Porque *a ética*, como ressalta Rifkin ("O sonho europeu"), *só floresce em um mundo em que todos se sintam individualmente responsáveis.*

Mas devemos admitir que, apesar de uma boa dose de otimismo, um grande desafio está lançado: como implantar valores éticos significativos nas empresas se, como registra Schumacher, *no todo da filosofia, não há assunto em maior desordem que a ética?* ("Um guia para os perplexos"). E tampouco notamos ainda uma expressiva disseminação de observâncias éticas no mundo empresarial?

Sua Preocupação Ecológica

> *Mais que uma moda ou uma corrente política, a ecologia deve ter para os cristãos o mesmo peso que uma obrigação moral.*

Papa João Paulo II

Iniciando o Capítulo 2 de seu livro "O negócio é ser pequeno", Schumacher enfatiza o valor da Terra como o maior recurso material de que dispomos e comenta: *Estude-se como uma sociedade usa sua terra e pode-se chegar a conclusões bastante fidedignas sobre qual será seu futuro*[20].

Consideramos que discorrer sobre relacionamentos empresariais com o meio ambiente é um assunto tão desafiador quanto abordar a necessidade de introduzirem-se procedimentos éticos mais robustos nas empresas. Se conceitos éticos relacionados às atividades empresariais precisam ser moldados e implantados nas atuações administrativas dos negócios com certa urgência, o mesmo pode se afirmar quando nos reportamos às questões ecológicas. Isso se deve ao fato de questões éticas e ecológicas estarem intimamente ligadas em suas origens comuns que remontam à mesma fonte, ou seja, a valores espirituais.

Nossas referências ecológicas dizem respeito à "ecologia profunda", filosofia criada e proposta pelo filósofo norueguês Arne Naess na década de 1970.

Essa escola filosófica considera o homem como parte integrante da natureza e não como seu explorador, como se observa na chamada "ecologia rasa".

Fritjof Capra, por sua vez, classifica a consciência ecológica como uma "consciência espiritual e religiosa". E afirma: *(...) não é de admirar que a ecologia profunda seja compatível com a chamada "filosofia perene" das tradições espirituais, como a espiritualidade dos místicos cristãos (...)*[21].

Em seu livro "Uma total mudança de mentalidade", Willis Harman nos diz que *o conceito de "ecologia profunda" é uma das formas encontradas de falar em espiritualidade de uma maneira não ofensiva aos que, por várias razões, evitam a terminologia religiosa*[22].

Portanto, confirmamos que as questões básicas que devem preocupar a mente humana derivam-se da mesma fonte: todas têm seus alicerces fundados em valores espirituais e, quer muitas pessoas aceitem ou não, princípios teológicos fazem-se presentes em todos os caminhos do processo civilizador.

E prosseguimos com Capra: *As organizações humanas precisam passar por uma mudança fundamental, tanto para se adaptar ao novo ambiente empresarial quanto para se tornarem sustentáveis do ponto de vista ecológico.* E daí decorre a necessidade de as organizações humanas, incluindo as empresas, modificarem seus comportamentos e desenvolverem uma consciência mais ampla sobre sua responsabilidade de manter um desenvolvimento sustentável capaz de atender às necessidades das atuais e das futuras gerações.

Para que isso venha a acontecer, é necessária, também, como bem determina Washington Novaes, *a construção de uma nova ética, ao lado da modernidade técnica, de modo a incorporar às intervenções transformadoras da realidade o compromisso com a perenidade da vida*[23].

Graças à semelhança e ao estreito parentesco entre ética e ecologia, do mesmo modo que ocorreu em nossas abordagens de questões éticas, cabe-nos aqui fazer algumas indagações:

- Que razões poderiam estimular empresas a se comportarem como atividades espontaneamente irrepreensíveis do ponto de vista ecológico?
- Que métodos seriam necessários para despertar nos homens de negócios a consciência para induzi-los a impor limites às ambições materiais e preservar a milenar e sagrada biodiversidade?
- É possível haver conciliação entre interesses econômicos e consciência ecológica?

Tudo parece um tanto utópico, pois, segundo o renomado economista e ecólogo Lester Brown, *os economistas vêem o meio ambiente como um subconjunto da economia e os ecologistas, por outro lado, consideram a economia como um subproduto do meio ambiente*[24].

Como consultores empresariais, não acreditamos que qualquer negócio tenha propósitos iniciais e intencionais de transgredir normas éticas ou ecológicas e queira instituir-se como gerador de degradação e poluição ambiental. O motivo de seus comportamentos às vezes transgressores do ponto de vista ético ou ecológico é decorrente de inserção em um contexto econômico ditador de regras de conduta.

Como o objetivo primordial de qualquer atividade empresarial (com essa intenção foi estabelecida) consiste na geração de lucros, ela freqüentemente se defronta com delicadas situações que a obrigam a infringir regras de preservação ambiental em prol de sua finalidade maior de gerar bons resultados. Se ela insistir em sua permanência em caminhos corretos sob o ponto de vista ambiental, reduzindo lucros em prol da preservação natural, certamente correrá o risco de defrontar-se com uma concorrência pouco consciente e pouco interessada em seguir-lhe o exemplo, direcionada que está para a visão oposta, em que prevalecem interesses econômicos.

Desse modo, empresas que agem conscientemente, respeitando o meio ambiente, podem sofrer, no curto prazo, certas perdas competitivas e/ou financeiras em virtude de seu comprometimento ecológico.

Em um regime de livre concorrência, no qual o vencedor é o empreendimento que demonstra maior eficiência e lucratividade, parece estranha a idéia de querer contar com empresas preocupadas com questões ecológicas, abrindo espaço para concorrentes oportunistas e inescrupulosos no mercado.

Esses interesses conflitantes em jogo são difíceis de serem equacionados, pois, como o acúmulo de dinheiro é a preocupação central do capitalismo globalizado, muitas forças opositoras pactuam para criar obstáculos e impedir implantações de leis ambientais que possam ferir seus interesses.

Mas, como deduz Schumacher em "O negócio é ser pequeno", *sabemos demais a respeito de Ecologia hoje em dia para ter qualquer desculpa para os muitos abusos presentemente cometidos na administração da terra, dos animais, no armazenamento e beneficiamento de alimentos e na urbanização insensata.*

Como poderemos, portanto, conciliar em nossos dias a obtenção de lucros com a preservação ambiental?

Voltemos ao mestre Schumacher: *Cada vez maiores máquinas, impondo concentrações ainda maiores de poderio econômico e exercendo violência sempre maior contra o meio ambiente, não representam progresso; elas são uma negação da sabedoria*[25].

Complementando tal raciocínio, relacionando-se ao mundo ocidental, afirma Capra em uma de suas obras: *O conhecimento racional prevalece sobre a sabedoria intuitiva, a ciência sobre a religião, a competição sobre a cooperação, a exploração dos recursos naturais em vez da conservação, e assim por diante.* E Lester Brown completa: *Gastamos muito tempo nos preocupando com nossos déficits econômicos, mas são os déficits ecológicos que ameaçam nosso futuro econômico de longo prazo*[26].

Segundo essas conceituadas considerações, podemos concluir que são realmente evidentes divergências bastante acentuadas entre sabedoria e poder econômico, o que nos leva a refletir se, futuramente, poderá haver um consenso entre eles. Pois, como observa Capra em "Sabedoria incomum", *a expansão da economia destrói a beleza das paisagens naturais com edifícios medonhos, polui o ar, envenena os rios e os lagos. Mediante um condicionamento psicológico implacável, ela rouba das pessoas o seu senso de beleza, enquanto gradualmente destrói aquilo que há de belo em seu meio ambiente.*

Felizmente, as preocupações ecológicas vão garantindo cada vez mais espaço no mundo empresarial e alguns exemplos significativos de resoluções contemporâneas já se manifestam com visões mais expandidas, devotados a trajetórias mais coerentes relacionadas a questões ambientais.

Uma interessante indicação dessas ações está registrada no livro "Cumprindo o prometido" — coletânea de nomes expressivos e conscientes do mundo dos negócios, empenhados na campanha de defesa e preservação ambiental. Seus autores encaram a globalização como o melhor caminho para um projeto sustentável, desde que empresas, governos e grupos de cidadãos se mostrem capazes de cooperar para a criação de um mercado que maximize oportunidades para todos. E isso quer dizer um mundo onde todos se respeitem mutuamente.

Na excelente obra "Meio ambiente no século 21", registra o emérito jurista José Renato Nalini: *Proteger a natureza precisa ser tarefa permanente de qualquer ser pensante. Aprender a conhecê-la e a respeitá-la pode levar toda uma vida. Não há limite cronológico, em termos de educação ambiental, para que todos nos consideremos seres educandos.* Nessa questão, ele afirma: *somos todos estudantes crônicos.* E aconselha a não *utilizar-se da natureza como se esta fora um supermercado gratuito.*

Concluindo: no âmbito empresarial, é possível condicionar condutas empresariais a bons procedimentos ecológicos e estabelecer processos de crescimento sustentável nas empresas, cumprindo, assim, mais um requisito para configurá-las como empresas conscientes.

Schumacher, abordando temas ambientais referentes ao uso da terra e ao comportamento humano, assinalou que as questões da terra deveriam ser antecedidas por *um bocado de transformação filosófica, para não dizer religiosa.* E que: *Se pudéssemos voltar a um generoso reconhecimento dos valores metaeconômicos, nossas paisagens se tornariam sadias e bonitas novamente e nossa gente recuperaria a dignidade do homem (...)*[27].

Essas afirmações relembradas cabem nas atuais preocupações com temas ecológicos relacionados ao papel empresarial no seu compromisso de empenhar-se com responsabilidade para preservar o meio ambiente.

Por essa razão, temos defendido convictamente nessas linhas um retorno aos ancestrais princípios filosóficos, para não dizer à nossa religiosidade.

Sua Responsabilidade Social

> *O cristianismo ensina que o homem não existe apenas para atuar no mundo onde vive, nem mesmo no âmbito econômico, mas que tem um Pai capaz de sustentá-lo a cada momento diante do seu esforço (...) se ele se comportar como filho, ou seja, se estiver disposto a tratar todos os homens como verdadeiros irmãos.*
>
> ALBERTO FERRUCCI

Entre as características que julgamos essenciais para dar sustentação à *empresa consciente*, a responsabilidade social representa o primeiro passo nesse sentido. A responsabilidade social não é um modismo. Ela veio para se estabelecer definitivamente, e as empresas que não se empenharem no estabelecimento de programas sociais correrão riscos de desaparecimento.

Já abordados os princípios éticos e ambientais que julgamos imprescindíveis para configurar uma empresa consciente, vamos abordar, agora, o grau de seus comprometimentos sociais.

Os primeiros projetos sociais corporativos se iniciaram com programas internos, voltados para os funcionários, por meio de atividades desenvolvidas em seu departamento de recursos humanos. Geralmente, incluíam planos educativos, com o propósito de melhor capacitar o pessoal e se estendiam também para outra ordem de ações, como planos médicos e dentários, fornecimento de refeições e condução a baixo custo, creches etc.

Atualmente, o processo de atuação social corporativa expandiu-se para a comunidade por uma pressão de mercado que passou a valorizar empresas que "fazem o bem". Conscientes de sua responsabilidade em associar-se a projetos políticos para vencer precariedades sociais, as empresas passaram a ver nesses investimentos um fator de grande importância para seus próprios interesses. Ao envolverem-se em projetos de benemerência, obtêm respostas econômicas satisfatórias graças à boa imagem alcançada, ao prestígio de seu nome e à posição de destaque no mercado.

A grande maioria de empresas brasileiras de médio e grande porte já participa ativamente desses projetos e procura sempre angariar méritos veiculando-os nos meios de comunicação.

À medida que consumidores e outros agentes sociais vão direcionando cada vez mais suas críticas sobre comportamentos empresariais, suas consciências mais apuradas pressionam com mais vigor as empresas no sentido de condicioná-las a novos comprometimentos não somente com questões sociais, mas também com questões éticas e ambientais.

A ampla divulgação global informatizada é importante fornecedora de subsídios que conduzem as pessoas a posições mais enérgicas e exigentes de ordem moral em relação ao mercado.

A Ação Vigilante dos *Stakeholders*

O conjunto de pessoas em suas participações vigilantes deu origem aos grupos denominados *stakeholders* (partes interessadas) e, como já esclarecemos, diz respeito às pessoas envolvidas de alguma forma com as empresas: funcionários, acionistas, executivos, fornecedores, consumidores, grupos ambientalistas, entre outros.

Os *stakeholders*, funcionando como atentos vigilantes sobre as atuações corporativas, direta ou indiretamente, influenciam seus êxitos ou fracassos. Portanto, é interessante para qualquer empresa estabelecer um clima de cordialidade e diálogo permanente com esses agentes sociais e propor boas parcerias em projetos sociais para garantir seus próprios progressos corporativos.

Lidando com o vasto público dos *stakeholders*, os projetos de responsabilidade social de uma empresa às vezes enfrentam desafios para sua concretização. Ela precisa compatibilizar sua estratégia mercadológica e operacional com as aspirações sociais e ambientais dos *stakeholders*. Definindo o público-alvo no qual pretende investir socialmente, ela pode elaborar planos seguros de ação sem sujeitar-se a insucessos posteriores.

Para tratar especificamente do assunto de opções convenientes para seus investimentos sociais, as empresas já podem contar com o apoio de boas consultorias especializadas.

No entanto, essas "boas ações" empresariais não são suficientes para defini-las como empresas conscientes. O fato de muitas corporações se envolverem em constantes projetos sociais e divulgá-los amplamente nem sempre comprova a sua legitimidade de consciência empresarial.

Por exemplo, produtores de determinados alimentos cujo consumo, comprovadamente prejudicial à saúde humana, tem suas vendas estimuladas por propagandas enganosas podem investir somas significativas em projetos sociais, mas não merecem boas qualificações.

Da mesma forma, indústrias poluidoras e devastadoras do meio ambiente não têm motivos para orgulharem-se de seus investimentos sociais.

De fato, como poderiam empresas dessa natureza, sem compostura ética ou sensibilidade ambiental, vangloriarem-se de seus projetos?

Mas, ao demonstrarem interesses nessas participações sociais, que se tornaram praticamente uma imposição para se obter sucesso no mercado, as empresas poderão, com o tempo, refinar seus conceitos éticos e ambientais.

Por enquanto, porém, suas deformações comportamentais são empecilhos que não permitem enquadrá-las como autênticas empresas conscientes: falta-lhes a conjugação de méritos éticos, ambientais e sociais suficientes para redimi-las.

O importante papel dos *stakeholders* consumidores, ambientalistas e outros agentes sociais tem prestado um valioso auxílio no sentido de vigiar e pressionar as empresas para comportamentos éticos e não destruidores do homem e da natureza.

De certa maneira, modernamente eles induzem as empresas a se comportarem como sugeria Schumacher, aplicando *uma tecnologia com feição humana,* que não faz das pessoas escravas das máquinas, não compromete o meio ambiente e é importante geradora de empregos para as massas[28].

O Exemplo da Economia de Comunhão

A modalidade empresarial que mais se aproxima de nossa proposta é a prática administrativa adotada pela *Economia de Comunhão* (EdC), um projeto atual de gestão inspirado em valores espirituais.

Criado no Brasil em 1991, por Chiara Lubich, líder do Movimento Focolares, a *Economia de Comunhão* já contava, em 1995, com a adesão mundial de 551 empresas. Em uma frase inspiradora, Lubich resume sua idéia: *Não precisamos realizar grandes obras. Basta que cada uma de nossas ações seja apenas sugerida pelo verdadeiro amor.*

O pólo Spartaco da EdC, instalado na cidade de Vargem Grande Paulista, reúne exemplos de empresas praticantes precoces de uma nova postura ética e social, que têm despertado atenções políticas e empresariais e registrado evidências empíricas de resultados positivos. Esse pólo congrega empresas de pequeno e médio porte, quase sempre familiares. Seu fundamento básico consiste na destinação dos lucros para reinvestir, formar "homens novos" e ajudar necessitados[29].

Um projeto de inovações empresariais em relação à partilha de lucros foi citado por Schumacher em "O negócio é ser pequeno". Trata-se do projeto dos empresários Ernest Bader e Dora Scott que, em 1951, transformaram seu negócio em uma comunidade com a participação dos empregados.

Entre outras características sociais, 40% dos lucros obtidos destinava-se a gratificações aos trabalhadores e fins caritativos. Apesar do ceticismo sobre a possibilidade de progresso desse projeto, ele se converteu em grande sucesso, como relata Schumacher em seu livro.

O perfil da empresa consciente, além das considerações econômicas, sociais e espirituais propostas pela EdC e, em parte, inspirado também pelas idéias pioneiras de Bader, propõe ainda estender suas atenções para as questões ambientais, tomando como base as orientações ditadas pela "ecologia profunda" para fechar o círculo de seu aspecto integral de maturidade econômica, social e ambiental.

Lideranças Éticas, Competentes e Conscientes

Em qualquer campo de atuação humana é comum valer-se da expressão "ele é um líder nato" para identificar pessoas dotadas com o dom de congregar esforços e atingir metas pelo seu inato poder de persuasão.

Esse reconhecido talento, porém, traz consigo o risco de desenvolver potencialidades tanto positivas como negativas. Nos anais da civilização humana registram-se inúmeros exemplos de lideranças benéficas ou desastrosas que deixaram marcas indeléveis na história.

Quando bem intencionadas, as lideranças conduzem naturalmente a resultados salutares, eficientes e criativos; caso contrário, podem desencadear situações que, muitas vezes, atingem proporções extremamente destrutivas, como conhecemos sobejamente por meio das páginas históricas e de muitas ocorrências contemporâneas.

Da mesma forma, ocorrências semelhantes têm espaço nas empresas quando apresentam seus resultados positivos ou negativos, que refletem as determinações de suas vozes de comando.

Ao enumerar as qualidades inerentes às empresas conscientes, presume-se que essas qualidades estão relacionadas às atuações responsáveis de seu corpo diretivo, dotado de boa formação intelectual e espiritual.

Atribuindo virtudes como ética, competência e consciência ao conceito de liderança, imediatamente lembramos o exemplo do personagem bíblico que, por suas realizações terrenas, é considerado por muitos como o maior líder e o mais bem-sucedido administrador de todos os tempos[30].

Seria oportuno que os líderes empresariais, responsáveis pelo exercício de uma gestão qualificada em empresas conscientes, notadamente os simpatizantes ou devotos da orientação cristã, exercessem seu comando inspirando-se no magnífico exemplo do singular empreendedor que, contando com seus doze seguidores, se não foi o edificador, pelo menos inspirou as bases do maior exemplo de "sucesso organizacional" registrado na história — a instituição da Igreja.

Embora essa instituição religiosa tenha sido alvo de críticas por alguns erros cometidos em seu processo evolutivo, não podemos negar a origem sagrada de seus alicerces, inspirados na atuação de Jesus em sua passagem terrena.

Qual teria sido a essência que caracterizou a estabilidade perene desse empreendimento?

De acordo com os relatos bíblicos, presume-se que a atuação de Jesus baseou-se no incondicional sentimento amoroso que ele devotava às pessoas e na admiração que sua conduta exemplar despertava entre todos.

Sinceramente, não concebemos nenhum meio eficiente que se equipare a esse método singular de convencimento para solidificar a liderança, do que demonstrar bons exemplos nas áreas de comando.

Nada mais convincente para angariar simpatia e respeito do que um comportamento que dispensa o corriqueiro "faça o que eu mando, não o que eu faço" e se manifesta não por palavras de ordem, mas pela virtude transparente de suas próprias ações.

Para atingir tamanho grau de capacidade de liderar, Schumacher enuncia qualidades do que ele denomina "homem integral", ou seja, aquele que *sempre "estará verdadeiramente em contato com o seu centro"* (...)[31].

Esse seria, portanto, segundo nosso entendimento, o perfil ideal do líder consciente, bem centrado em seus valores, capacitado para dirigir, orientar, conquistar respeito e cooperação de seus comandados.

A liderança comprometida e bem-intencionada exige permanente e ininterrupta atenção em tempo real e um *feedback* construtivo, sem estagnar em críticas improdutivas, mas buscando sempre aprimorar a evolução harmônica entre colaboradores e objetivos empresariais.

Além de seu envolvimento com aspectos econômicos das suas atividades, como evoluções de mercado, elaboração de cenários, de planejamentos estratégicos, direcionamento dos recursos disponíveis para atingir suas metas, o líder deve sensibilizar os colaboradores demonstrando que, durante a jornada de trabalho, os interesses da empresa têm prioridade sobre o excesso de egos e aspirações pessoais. Mas cumpre-lhe salientar, também, que a sinergia e o espírito de grupo investidos no progresso empresarial no presente se refletirão futuramente sobre todos os envolvidos, em um elo saudável de desenvolvimento empresarial e pessoal.

Mesmo privilegiado em sua posição hierárquica que lhe confere destaque pelo grau de responsabilidade, o verdadeiro líder precisa reconhecer que sua atuação corresponde apenas a uma fração do processo que exige ampla colaboração e freqüente intercâmbio de idéias para atingir bons resultados.

Contudo, essa necessidade de apoio não deve ser encarada como indício de fragilidade, mas, sim, como comprovação de força e sabedoria interiores.

Ao exercer suas funções alicerçadas no equilíbrio emocional, na intuição e em um apurado sentido ético de justiça, vencendo as armadilhas do ego, a boa liderança, munida de métodos e competências adequadas, contribui de forma decisiva para o sucesso da empresa.

A própria Bíblia propõe: *Quem quiser ser o primeiro deve tornar-se servo dos outros (Marcos 10:44).*

Uma correta atuação sempre implantará aos poucos sua legitimidade, fazendo-se respeitada; em qualquer momento poderá contar com equipes prestes a cumprir com espírito colaborativo todas as determinações. Essa maneira de proceder pode comparar-se à de um grande líder que, à frente de sua tropa, está sempre seguro de poder contar com a lealdade de seus soldados, dispostos a enfrentar desafios e vencer batalhas.

Um bom desempenho de liderança consciente compreende, também, atitudes de reconhecimento, palavras amigas e ações solidárias, devotadas ao seu pessoal no momento oportuno, e isso tudo relembra novamente a tática da qual se valeu, há séculos, o grande exemplo bíblico.

As pessoas, quando bem aceitas e compreendidas (poderíamos dizer, de modo mais objetivo, amadas), tendem a desenvolver espontânea e beneficamente suas potencialidades[32].

Não se pode realmente esperar que relacionamentos profissionais abrutalhados e insensíveis, permeados de constantes e descabidas cobranças, impostos pelo temor e não pelo respeito, possam redundar em resultados positivos pessoais ou empresariais.

A busca sistemática de equilíbrio nessas interações e a prática permanente de atitudes éticas, entremeadas com valores espirituais, resultam sempre em sucesso para toda a empresa e superam com vigor seus empecilhos ocasionais.

Como toda a atividade empresarial se caracteriza por seu aspecto dinâmico no mercado, suas ações diante dos problemas e desafios exigem rapidez de ação, mas, ao mesmo tempo, devem contar com cautela e bom senso, buscando sempre considerar possibilidades de mútuas colaborações e parcerias empresariais.

As atuações de liderança precisam demonstrar habilidade e sensatez em suas decisões para que não se percam, no decorrer do tempo, as conquistas adquiridas. O líder deve reconhecer e estimular a dedicação dos colaboradores sob seu comando, valorizando sua participação responsável em metas já atingidas e por atingir, a exemplo do regente que, ao final de cada concerto, se alegra em exaltar a excelência dos afinados executores sob sua batuta.

Resta-nos reafirmar que a empresa consciente só poderá instituir-se com todos os valores sugeridos quando homens e mulheres conscientes, não apenas em seus cargos diretivos, mas também em seus relacionamentos sociais e pessoais, se propuserem a inovar métodos administrativos e acatar a conveniência da preservação de valores espirituais em seus comportamentos e nos novos modelos de gestões.

Difícil? Sim. Impossível? Nunca. Basta lembrar, como diz Schumacher, que a *"lógica da produção" não é a lógica da vida nem da sociedade. É uma pequena parte subalterna de ambas*[33].

Concluindo...

Às vezes, nos questionamos: o fato de insistir em estabelecer princípios éticos, ambientais e de responsabilidade social no universo corporativo não seria o mesmo que tentar adicionar amor e compaixão a um campo de batalha?

Existem reais possibilidades de poder contar, na realidade econômica moderna, com pessoas esclarecidas, desapegadas e predispostas a empreender mudanças efetivas para concretizações dessa envergadura?

É muito difícil conceber tal projeto, uma vez que estamos presentemente submetidos às regras de um capitalismo dominador e acelerado que não nos permite sequer reservas de tempo suficiente para profundas reflexões, como, por exemplo, tempo para analisarmos mais uma interessante abordagem de Herman Vos e Jacques Vervier em "Utopia cristã e lógica econômica":

A parte mais conscientizada da opinião pública acusa a sociedade de consumo de vários pecados sociais graves, tais como a propaganda alienante, a poluição, o desperdício e um delírio consumista que se constitui em verdadeira ofensa ao pobre. Será que não estamos cometendo um gigantesco erro judicial, colocando no banco dos réus o acusado errado? Os elementos acima citados são frutos de uma sociedade cujo centro de gravidade e de decisão não é o consumidor, mas sim o produtor! Estamos vivendo uma sociedade na qual só o trabalho é nobre, só a produção deve ser preservada e só o produtor decide.

Em nossas agendas carregadas haverá espaço para refletir sobre isso?...

Embora interesses econômicos e gananciosos sufocantes conspirem contra mudanças e inovações, apostamos no alvorecer da sociedade justa, equilibrada e feliz, desde que se restabeleçam e se propaguem as conexões perdidas entre princípios religiosos, econômicos, comandos empresariais e demais atividades humanas.

Fazemos nossas as palavras de Ricupero: *Será um sonho? Um mito criador? É possível. Mas, enquanto houver vida e esperança, ninguém impedirá as pessoas de sonhar com um modelo melhor e com a liberdade de escolhê-lo*[34].

Em suma, imaginamos que a *empresa consciente* será, no futuro universo corporativo, a empresa administrada por dirigentes conscientes que incluirão em seus comportamentos noções éticas, justas e transparentes em toda sua amplitude, dispensando para isso pressões externas ou imposições legais.

Suas ações espontâneas denotarão claras intenções de promover o bem e proteger o homem, a natureza e seu espaço, com sensibilidade desperta e vigilante, ou seja, a empresa consciente terá seu nascedouro nas mãos de homens e mulheres conscientes. E, conseqüentemente, seus subordinados eticamente direcionados para o bom trabalho, tratados com respeito e dignidade, poderão afirmar, como sugeriu Schumacher: *Bom Deus, nesse lugar eu existo de verdade; não sou apenas um meio para um fim*[35].

Não é nossa intenção permanecermos isolados em nossas argumentações, como mentes solitárias acalentando sonhos quixotescos e infundados, mas, entusiasticamente, convocamos outras mentes desejosas de refletir conosco sobre essas possibilidades transformadoras para edificar um inovador processo empresarial no qual prevaleçam sensibilidade, beleza e afetividade, e cujos resultados positivos não se limitem apenas a resultados quantitativos, mas reflitam também bons aspectos de caráter qualitativo em seus relacionamentos socioambientais.

Os diversos autores de fina sensibilidade mencionados neste livro destacam cooperação, compaixão e solidariedade como meios eficientes e necessários para se atingir um nível satisfatório de bem-estar humano.

Valerá a pena consumir energias e lutar em prol desse projeto audacioso, ou devemos friamente admitir que o mundo dos negócios é um reduto onde não cabem virtudes?

Em nosso auxílio, manifesta-se o poeta: *Tudo vale a pena se a alma não é pequena*[36].

Como ele, temos de admitir: onde encontrar grandezas genuínas senão no campo infinito da espiritualidade?

Assim se amoldam perfeitamente economia e poesia: enquanto há beleza no que é pequeno nas conjunturas materiais, a grandeza da alma reflete riquezas que transcendem a materialidade.

Com nosso mestre Schumacher, finalizamos: *Talvez não possamos fazer soprar os ventos. Mas cada um de nós pode alçar a vela, de modo que, quando o vento vier, possamos capturá-lo*[37].

E isso significa alçar velas com planos bem direcionados, pois, como já advertia o filósofo latino Sêneca: *Vento algum é favorável para quem não sabe aonde quer ir*.

• SÍNTESE

Empresa: organismo vivo e consciente.

Seu aspecto econômico. Modelo anterior e a nova idealização.

Definição da ética e sua introdução no mundo empresarial.

A fonte cristã da ética. Algumas considerações.

Início de reformas sociais.

Alteração nos comportamentos empresariais. Cordialidade.

Vigilância ética na conduta empresarial.

A economia como pólo central de devoção além de sua competência.

Dalai Lama: Nobel da Paz (1989).

Amartya Sen: sua preocupação com o distanciamento entre a ética e a economia.

Valores metaeconômicos: aspectos filosóficos da Economia ditados por Schumacher.

O comprometimento ético das empresas atuais.

Preocupações ecológicas que devem influenciar a empresa consciente.

Conceitos de "ecologia profunda" e "ecologia rasa".

Compatibilidade entre "ecologia profunda" e "filosofia perene".

Mudanças nas organizações humanas: questões empresariais e ambientais.

Viabilidades de mudanças no processo empresarial valorizando questões ecológicas.

Contribuições credenciadas.

Lester Brown e seu importante trabalho.

Responsabilidades sociais corporativas.

O papel dos *stakeholders*.

Lideranças conscientes.

Conclusões.

● PARA LER E REFLETIR

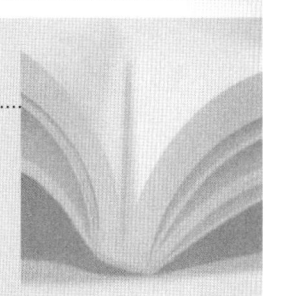

Não temos idéias com que pensar e, dessa

maneira, estamos demasiado dispostos a acreditar

que a ética é um campo onde não adianta pensar.

Quem sabe qualquer coisa hoje em dia dos Sete

Pecados Capitais ou das Quatro Virtudes Cardeais?

Quem sequer pode citá-las? E quando se considera

que essas velhas e veneráveis idéias não merecem

que nos incomodemos com elas, que novas idéias

tomam o seu lugar?

E. F. Schumacher

Palavras Finais

O ritmado decorrer do tempo está além de nossa capacidade de acelerá-lo, detê-lo ou fazê-lo recuar.

Escapa-nos a graça de retroceder à convivência do Espírito corporificado, que em peregrinações terrenas, irradiava amor em seu mais amplo sentido, instituindo-o como fundamento de sua breve, porém marcante, trajetória humana.

Não somos futurólogos competentes para antecipar ocorrências e determinar com exatidão o momento glorioso da história no qual o conteúdo da mensagem divina finalmente se alastrará em sua totalidade pelo nosso belo e maltratado Planeta.

Resta-nos a cadência do cotidiano crítico da civilização e nosso potencial reflexivo para questionar a preferência em voga por atalhos que se propagam como propostas racionais e quantitativas, subestimando valores espirituais. Surpreendentemente, pouca valia representam essas modernas opções que se presumem suficientes, mas empalidecem diante do brilho das definições sagradas.

Referindo-se à sua época, nos diz Schumacher: (...) *nada mais relevante e apropriado ao transe contemporâneo do que as doutrinas maravilhosamente sutis e realistas das Quatro Virtudes Cardeais — prudência, justiça, fortaleza e temperança.*

Portanto, permitimo-nos afirmar que nossas singulares proposições, a exemplo de nosso notável inspirador, não são tão descabidas quanto possam aparentar.

Ainda que no mundo agitado e violento em que vivemos possa soar como radical privação de racionalidade ou romântica utopia a pretensão de inserir ancestrais regras filosóficas e religiosas nos negócios, não nos foi possível visualizar rumo mais sensato para direcioná-los a duradouros sucessos.

Superadas dúvidas e buscas, tentamos justificar a razão pela qual acreditamos que a sabedoria amorosa advinda dos princípios cristãos deve incluir-se com urgência nas entrelinhas das estruturas sociais secularizadas.

E sua inclusão nos parece perfeitamente cabível como fundamento ideal para a aspiração suprema de construir um mundo mais solidário e sustentável, por todos e para todos.

Talvez esteja próximo o momento de os "filhos pródigos" retornarem contritos à retidão paterna e ao mais excelso dos manuais, os Evangelhos.

Encerramos com fé e otimismo nossas linhas com as oportunas palavras de Teilhard de Chardin, que finalizam com inquestionável sabedoria o último parágrafo da inspiradora obra "Além da globalização", de Hazel Henderson: *Quando os seres humanos descobrirem verdadeiramente o poder do amor, terão descoberto algo mais importante que o fogo.*

Será essa descoberta a grande empreitada humana no século 21?

Sobre E. F. Schumacher

O economista, filósofo, jornalista e empreendedor Ernst Friedrich Schumacher nasceu em Bonn, na Alemanha, em 16 de agosto de 1911, e viveu grande parte de sua existência na Inglaterra, onde ocupou por vinte anos o cargo de Conselheiro Chefe de Economia no Conselho Nacional de Carvão da Grã-Bretanha.

Tornando-se famoso com a publicação de seu livro "Small is beautiful" (1973), traduzido para o português com o título de "O negócio é ser pequeno", ele foi considerado por muitos, em seu tempo, como um novo guru da economia.

Com o olhar voltado para além da abstração e da teoria, ele valorizou as constantes da saúde, beleza e estabilidade. Conforme seu pensamento, *a economia significa uma certa ordem de vida de acordo com a filosofia inerente e implícita na economia. A ciência econômica não fica de pé sozinha: é derivada de uma visão de significado e propósito de vida...*

Pensador perspicaz e original, assim é descrito por F. Capra em "Sabedoria incomum": *Ele era uma pessoa serena e afável, de um encanto especial — um senhor alto, nobre, com cabelos brancos e compridos, rosto doce e aberto e olhos suaves e brilhantes sob sobrancelhas grossas e alvas.*

Schumacher esteve no Brasil na década de 1970, participando do Primeiro Seminário sobre Tecnologia Nacional: Inovação, Adaptação e Difusão, realizado de 28 de janeiro a 1º de fevereiro de 1974, na Escola de Administração de Empresas de São Paulo, da Fundação Getúlio Vargas, sob o patrocínio da OEA — Organização dos Estados Americanos — e do CNPq — Conselho Nacional de Pesquisas. Henrique Rattner, que o recebeu pessoalmente nessa ocasião, qualifica-o como uma pessoa reservada, amável e gentil, que deixava transparecer nítidos traços de uma personalidade bondosa e conciliadora, confirmando nossas próprias suposições.

Seu estilo simples e provocativo de comunicação levou muitas pessoas a refletirem sobre o futuro, a sociedade de consumo e os esquecidos valores espirituais e influenciou-as em mudanças radicais na maneira de viver.

Em outubro de 2006, seu nome respeitado e influente aparece em 2º lugar na votação que elegeu os 100 nomes mais representativos das questões ecológicas no mundo, elaborada pelo governo britânico (www.environment-agency.gov.uk). Essa expressiva colocação se deve às previsões registradas em sua obra "O negócio é ser pequeno" ("Small is beautiful") sobre os riscos de uma economia mundial insustentável, provocada pelo esgotamento dos recursos naturais.

Schumacher faleceu prematuramente aos 66 anos de idade, em 4 de setembro de 1977, durante uma viagem à Suíça, onde participou de uma Conferência Internacional em Caux.

Inspiradas em suas idéias vanguardistas foram criadas e consolidadas várias instituições (como relacionamos a seguir) dedicadas atualmente a divulgação e promoção de seu pensamento em cursos, publicações, conferências, seminários e atividades práticas relacionadas com múltiplas áreas de atuação humana.

Sua mensagem, com a perenidade do que tem real valor, não se restringiu apenas às crises conjunturais de seus dias. Ela nunca "envelheceu" por tratar questões profundas e transcendentais da alma humana.

Schumacher nos desafia e nos instiga em suas linhas a ver a vida com outros olhos e reconhecer a beleza no que é pequeno.

Obras

Em inglês:
>   *Small is beautiful* (1973)
>   *A guide for perplexed* (1977)
>   *Good work* (1979)
>   *This I believe* (1977)
>   *The age of plent* (1974)

Em português:
>   *O negócio é ser pequeno (Zahar)*

Fontes de informações

Schumacher College
www.schumachercollege.org.uk

The E.F. Schumacher Society
www.smallisbeautiful.org

Intermediate Technology Development Group (ITDG)
www.itdg.org ou www.practicalaction.org

Schumacher Society (UK)
www.schumacher.org.uk

New Economics Foundation
www.neweconomics.org

Projeto Acte
www.projetoacte.com

Notas

Capítulo 1

1. HENDERSON, Hazel. *Transcendendo a economia*. São Paulo: Cultrix/ Amana Key, 2000. p.41.

2. CAPRA, Fritjof. *O ponto de mutação*. São Paulo: Cultrix, 1990. p.185.

3. SCHUMACHER, E.F. *O negócio é ser pequeno*. Rio de janeiro: Zahar, 1983. 4. ed. p.52.

4. GIANNETTI, Eduardo. *Vícios privados, benefícios públicos?* São Paulo: Companhia das Letras, 1998. p.12.

5. COMTE-SPONVILLE, André. *O capitalismo é moral?* São Paulo: Martins Fontes, 2005. p.82.

6. NOVAK, Michael. *O novo paradigma nos negócios*. São Paulo: Cultrix/ Amana. pp.182–183.

7. RAO, Srikumar. *Você está preparado para o sucesso?* São Paulo: Negócio, 2006. p.27.

8. PEARCE, Joseph. *Literary converts* – Spiritual inspiration in an age of unbelief. São Francisco: Ignatius Press, 2000.

9. SCHUMACHER, E.F. *O negócio é ser pequeno*. Rio de Janeiro: Zahar, 1983. 4. ed. p.18.

10. KOHR, Leopold; SCHUMACHER, E.F. *A pair of cranks* — Introdução de John Papworth. New European Publications, 2003. Esta obra foi escrita pela dupla de autores que aceitou com bom-humor esse rótulo e utilizou-o para intitular seu trabalho.

11. SCHUMACHER, E.F. *Sobre tecnologia para uma sociedade democrática*. Pronunciamento realizado pelo autor em uma conferência realizada na Suíça em 3 de setembro de 1977, dia anterior ao seu falecimento.

12. Esse assunto é abordado com pertinência (cap. 9) na obra de E.F. Schumacher, *This I Believe*, Green Books, 1997.

13. Entre outras obras, destacamos: MORIN, Edgar. *Introdução ao pensamento complexo*. Porto Alegre: Sulina, 2005; VOS, Herman e VERVIER, J. H.

Utopia cristã e lógica econômica. Rio de Janeiro: Vozes, 1997; SUNG, Jung Mo. *Deus numa economia sem coração.* São Paulo: Paulus, 1994; FUKUYAMA, Francis. *Confiança.* Rocco, 1996.

14. SCHUMACHER, E.F. *Um guia para os perplexos.* Portugal: Publicações Dom Quixote. 1987. 1. ed. p.60.

15. CAPRA, Fritjof. *Conexões ocultas.* São Paulo: Cultrix/Amana Key, 2003. p.109.

16. DRUCKER, Peter. *A administração na próxima sociedade.* São Paulo: Nobel, 2003. pp.114-116.

17. MORIN, Edgard. *Os sete saberes necessários à educação do futuro.* São Paulo: Cortez, 2002. p.38. 6. ed.

18. HENDERSON, Hazel. *Construindo um mundo onde todos ganhem.* São Paulo: Cultrix/Amana Key, 1998. p.62.

Capítulo 2

1. PESSOA, Fernando. *Obras em prosa.* Rio de Janeiro: Nova Aguilar, 1986. p.629.

2. RICUPERO, Rubens. Artigo FSP 28/5/2005. Ricupero, ex-secretário geral da Unctad (Conferência das Nações Unidas para o Comércio e Desenvolvimento) atualmente é diretor da Faculdade de Economia da Faap e do Instituto Fernand Braudel (SP). É também autor de várias obras.

3. MORIN, Edgar. *Os sete saberes necessários à educação do futuro.* São Paulo: Cortez, 2002. pp.40-41. 6. ed.

4. Revista *Isto É.* 8/10/2003. p.95.

5. SACHS, Ignacy. *Desenvolvimento: includente, sustentável, sustentado.* Rio de Janeiro: Garamond Universitária, 2004. p.118.

6. SCHUMACHER, E.F. *O negócio é ser pequeno.* Rio de Janeiro: Zahar, 1983. p.139. 4. ed.

7. SCHUMACHER, E.F. *op.cit.* p.214.

8. DRUCKER, Peter. *A administração na próxima sociedade.* São Paulo: Nobel, 2003. p.86. 1. ed.

9. Revista *Exame,* 30/10/2002. p.14.

10. SINGER, Paul e SOUZA, André R. de. Em sua obra *A Economia Solidária no Brasil,* (Rio de Janeiro: Contexto, 2000. pp.333 a 351) pode ser conhecido com maiores detalhes o desenvolvimento dessa forma de administração empresarial denominada "Economia de Comunhão".

11. Uma apreciação séria e atual do assunto encontra-se no livro *Capitalismo Natural,* de Paul Hawken, Amory Lovins e L. Hunter Lovins, São Paulo: Cultrix/Amana Key, 2002. Importante, também, é o trabalho de Lester Brown, *Eco-Economia,* disponível na Internet no endereço: www.uma.org.br.

12. SCHUMACHER, E.F. *op.cit.* p.141.

13. HAWKEN, Paul et alli. *op.cit.* p.122.

Capítulo 3

1. Entrevista de Larry Bossidy, autor do livro *Desafio: fazer acontecer* da Negócio Editora, para a Revista *Exame,* 13/11/2002. pp.90-92.

2. SENGE, Peter. *A quinta disciplina.* Rio de Janeiro: Best Seller, 2003. p.11.

3. "Quem é o dono da empresa?" Artigo publicado na Revista *Exame,* 15/01/2003. p.106.

4. GORZ, André. *Metamorfoses do trabalho.* São Paulo: Annablume. p.85.

5. "Reinventando você". Artigo publicado na Revista *Exame,* 12/6/2000.

6. SCHUMACHER, E.F. *O negócio é ser pequeno.* 4. ed. Rio de Janeiro: Zahar, 1983. p.32.

7. CAPRA, Fritjof. *O ponto de mutação.* São Paulo: Cultrix, 1990. p.380.

8. SENGE, Peter. *op.cit.* p.15.

9. SCHUMACHER, E.F. *op.cit.* p.150.

10. SCHUMACHER, E.F. *op.cit.* p.81.

11. Mark Twain é escritor norte-americano reconhecido por suas inúmeras e notáveis obras, como o clássico *As aventuras de Tom Sawyer.*

12. HAWKEN, Paul; LOVINS, Amory; LOVINS, L. Hunter. *Natural capitalism.* Estados Unidos: Little Brown, 1999.

13. GIANNETTI, Eduardo. *O valor do amanhã.* São Paulo: Companhia das Letras, 2005. p.226.

14. ROSA, Guimarães. *Grande sertão: veredas.* São Paulo: Nova Fronteira, 2001.

15. SCHUMACHER, E.F. *This I believe.* Green Books, 1997. p.62.

16. BARKER, Mark W. *Jesus, o maior psicólogo que já existiu.* Rio de Janeiro: Sextante, 2005. pp.18-19.

Capítulo 4

1. NOVAES, Washington. *O Estado de S. Paulo*, 14/1/2000.

2. DRUCKER, Peter. *A administração na próxima sociedade*. São Paulo: Nobel, 2003. p.112.

3. SCHUMACHER, E.F. *Good work*. Tradução de Mauro Meireles. Disponível em www.ecooca.com.br. (acessado em 2007).

4. SCHUMACHER, E.F. *O negócio é ser pequeno*. São Paulo: Zahar, 1983. p.32. 4. ed.

5. SCOLNIK, Dra. Rosa; SCOLNIK, Dr. Jaime. *A mesa do vegetariano*. São Paulo: Pensamento, 1990. p.24. Sobre o assunto, consultar também: www.vegetarianismo.com.br; www.svb.org.br e www.nutriveg.com.br (acessados em 2007).

6. SCHUMACHER, E.F. Idem. p.93.

7. SCHUMACHER, E.F. Idem. p.94.

8. SCHUMACHER, E.F. *op.cit*. p.39.

9. SCHUMACHER, E.F. *This I believe*. Prefácio de Satish Kumar. Devon: Green Books, 1997.

10. RIFKIN, Jeremy. *O fim dos empregos*. São Paulo: M. Books, 2004. p.138.

11. HENDERSON, Hazel. *Construindo um mundo onde todos ganhem*. São Paulo: Cultrix/Amana Key, 1998. p.78.

12. DRUCKER, Peter. *A administração na próxima sociedade*. São Paulo: Nobel, 2003. p.17.

13. SCHUMACHER, E.F. *op.cit*. p.155.

14. FORRESTER, Viviane. *O horror econômico*. São Paulo: Unesp, 1997. p.11.

15. *O Estado de S.Paulo*. 10/2/2004.

16. MORAES, Vambero. *A religião do terceiro milênio*. São Paulo: Ibrasa, 1996. pp.206-207.

17. GIANNETTI, Eduardo. *O valor do amanhã*. São Paulo: Companhia das Letras, 2005.

18. MORAES, Vamberto. *op.cit*. p.208.

19. PEARCE, Joseph. *Literary converts*. São Francisco: Ignatius Press, 2000.

20. "Os dilemas da ética". Revista *Exame,* 14/05/2003.

21. GRAYSON, David; HODGES, Adrian. *Compromisso social e gestão empresarial*. São Paulo: Publifolha, 2002. p.65.

22. TAPSCOTT, Don; TICCOL, David. *A empresa transparente*. São Paulo: M. Books, 2005. p.3.

23. Idem. p.7.

24. Idem. p.xiii. "Os *stakeholders* são pessoas que possuem algum tipo de envolvimento financeiro ou pessoal com uma empresa: administradores, funcionários, acionistas, parceiros, clientes, usuários etc."

Capítulo 5

1. Publicações mensais especializadas, bem como obras específicas sobre o assunto, como *Empresas Familiares Brasileiras.* Coordenação de Ives Gandra Martins, Paulo L. Menezes e Renato Bernhoeft. São Paulo: Negócio, 1999.

2. KANITZ, Stephen. *Os 50 melhores artigos.* Rio de Janeiro: Editora Campus, 2003. Nesta obra o autor nos dá valiosa contribuição sobre o assunto.

3. "O desafio de trabalhar com o pai". Revista *Exame,* 16/03/2005. p.22.

4. SCHUMACHER, E.F. *Sobre uma tecnologia para uma sociedade democrática.* Palestra proferida em Caux (Suíça) em uma Conferência Internacional.

Capítulo 6

1. BACKER, Mark W. *Jesus, o maior psicólogo que já existiu.* Rio de Janeiro: Sextante, 2005. p.25. Esse pensamento nos foi inspirado pelo autor que o utiliza em seu ramo de atividade — a psicologia.

2. HENDERSON, Hazel. *Construindo um mundo onde todos ganhem.* São Paulo: Cultrix, 1998. p.49.

3. SACHS, Ignacy. *Desenvolvimento includente.* Rio de Janeiro: Garamond, 2004. p.118.

4. VOS, Herman; VERVIER, Jacques. *Utopia cristã e lógica econômica.* Rio de Janeiro: Vozes, 1997.

5. DRUCKER, Peter. *A administração na próxima sociedade.* São Paulo: Nobel, 2003. p.133.

6. CHESTERTON, G.K. *Ortodoxia.* São Paulo: LTr, 2001. p.27.

7. SOUZA, Herbert de; RODRIGUES, Carla. *Ética.* São Paulo: Moderna, 1997. p.23.

8. SCHUMACHER, E.F. *O negócio é ser pequeno.* Rio de Janeiro: Zahar, 1983. 4. ed. p.86.

9. BOAVENTURA, Jorge. "Angústia e paz." Artigo publicado na Folha de S.Paulo, 23/03/2005.

10. WEBER, Max in Jung Mo Sung. *Religião, economia e idolatria: desafios para a igreja no século 21.*

11. GIANNETTI, Eduardo. *Vícios privados, benefícios públicos?* São Paulo: Companhia das Letras, 1998. p.9.

12. SEN, Amartya. *Sobre ética e economia.* São Paulo: Companhia das Letras, 1999. p.34.

13. *Gazeta Mercantil,* 29/12/2005.

14. GIANNETTI, Eduardo. *O valor do amanhã.* São Paulo: Companhia das Letras, 2005.

15. SEN, Amartya. *op.cit.* p.23.

16. SCHUMACHER, E.F. *O negócio é ser pequeno.* Rio de Janeiro: Zahar, 1983. 4. ed. p.39 e ss.

17. WEIL, Pierre. *A nova ética.* Rio de Janeiro: Rosa dos Tempos, 1994, p.85. 2. ed.

18. SEN, Amartya. *op.cit.* p.23.

19. SEN, Amartya. *op.cit.* p.35.

20. SCHUMACHER, E.F. *op. cit.* p.88.

21. CAPRA, Fritjof. *As conexões ocultas.* São Paulo: Pensamento-Cultrix. 2003. p.110.

22. HARMAN, Wilis. *Uma total mudança de mentalidade.* São Paulo: Cultrix, 1994.

23. NOVAES, Washington. *Meio ambiente no século 21.* Rio de Janeiro: Sextante. p.331.

24. BROWN, Lester. *Eco-Economia.* Disponível em: www.uma.org.br (acessado em 2004).

25. SCHUMACHER, E.F. *op.cit.* p.28.

26. BROWN, Lester. *op.cit.* p.32.

27. SCHUMACHER, E.F. *op. cit.* p.101.

28. SCHUMACHER, E.F. *op. cit.* Cap.5.

29. Para obter informações sobre a Economia de Comunhão, recomendamos a obra intitulada *Economia de comunhão – projeto, reflexões e propostas para uma cultura de partilha.* Coletânea da Editora Cidade Nova, 1998.

30. BRINER, Bob. *Os métodos de administração de Jesus*. São Paulo: Mundo Cristão, 1997.

31. SCHUMACHER, E.F. *op. cit.* p.81.

32. ROGERS, Carl. *Tornar-se pessoa*. São Paulo: Martins Fontes, 2001. Tese do amor defendida em toda a obra.

33. SCHUMACHER, E.F. op. cit. p.258.

34. RICUPERO, Rubens. *O ponto ótimo da crise*. Rio de Janeiro: Revan, 1998. p.36.

35. SCHUMACHER, E.F. *Good Work*. Trad. Mauro M. de Oliveira Santos. Disponível em: www.ecooca.com.br. (acessado em 2007).

36. PESSOA, Fernando. *Obra poética*. Rio de Janeiro: Nova Aguilar, 1983.

37. SCHUMACER, E.F. *op. cit.* p.54.

Bibliografia

BARKER, Mark W. *Jesus, o maior psicólogo que já existiu*. Rio de Janeiro: Sextante, 2005.

BRINER, Bob. *Os métodos de administração de Jesus*. São Paulo: Mundo Cristão, 1997.

BROWN, Lester. *Eco-Economia*. Disponível no site www.uma.org.br (acessado em 2004).

CAPRA, Fritjof. *As conexões ocultas*. São Paulo: Pensamento-Cultrix, 2003.

_____. *O ponto de mutação*. São Paulo: Cultrix, 1990

CHESTERTON, G. K. *Ortodoxia*. São Paulo: LTr, 2001.

COMTE-SPONVILLE, André. *O capitalismo é moral?* São Paulo: Martins Fontes, 2005.

DRUCKER, Peter. A *administração na próxima sociedade*. São Paulo: Nobel, 2003. 1ª ed.

FERRUCCI, Alberto e outros. *Economia de Comunhão*. São Paulo: Editora Cidade Nova, 1998.

FORRESTER, Viviane. *O horror econômico*. São Paulo: Unesp, 1997.

FUKUYAMA, Francis. *Confiança*. Rio de Janeiro: Rocco, 1996.

GIANNETTI, Eduardo. *O valor do amanhã*. São Paulo: Companhia das Letras, 2005.

GIANNETTI, Eduardo. *Vícios privados, benefícios públicos?* São Paulo: Companhia das Letras, 1998.

GORZ, André. *Metamorfoses do trabalho*. São Paulo: Annablume, 2003

GRAYSON, David; HODGES, Adrian. *Compromisso social e gestão empresarial*. São Paulo: Publifolha, 2002.

HARMAN, Wilis. *Uma total mudança de mentalidade*. São Paulo: Cultrix, 1994.

HAWKEN, Paul; LOVINS, Amory; LOVINS, L. Hunter. *Natural capitalism*. Estados Unidos: Little Brown, 1999.

HENDERSON, Hazel. *Construindo um mundo onde todos ganhem.* São Paulo: Cultrix/Amana Key, 1998.

_____. *Transcendendo a economia.* São Paulo: Cultrix/Amana Key, 2000.

KOHR, Leopold; SCHUMACHER, E. F. *A pair of cranks* — Introdução de John Papworth. Londres: New European Publications, 2003.

MARIS, Bernard. Carta aberta aos gurus da economia. Rio de Janeiro, 2000

MORAES, Vamberto. *A religião do terceiro milênio.* São Paulo: Ibrasa, 1996.

MORIN, Edgar. *Introdução ao pensamento complexo.* Porto Alegre: Sulina, 2005.

_____. *Os sete saberes necessários à educação do futuro.* São Paulo: Cortez, 2002. 6ª ed.

NOVAES, Washington. *Meio ambiente no século 21.* Rio de Janeiro: Sextante, 2003

NOVAK, Michael. *O novo paradigma nos negócios.* São Paulo: Cultrix/Amana Key.

PEARCE, Joseph. *Literary converts* – Spiritual inspiration in an age of unbelief. São Francisco: Ignatius Press, 2000.

PESSOA, Fernando. *Obra poética.* Rio de Janeiro: Nova Aguilar, 1983.

_____. *Obras em prosa.* 4ª reimpressão. Rio de Janeiro: Nova Aguilar, 1986.

RAO, Srikumar. *Você está preparado para o sucesso?* São Paulo: Negócio, 2006.

RATTNER, Henrique. O resgate da utopia. São Paulo: Palas Atena, 2005

RICUPERO, Rubens. *O ponto ótimo da crise.* Rio de Janeiro: Revan, 1998.

RIFKIN, Jeremy. *O fim dos empregos.* São Paulo: M. Books, 2004.

_____. *O sonho europeu.* São Paulo: M.Books, 2005.

ROGERS, Carl. *Tornar-se pessoa.* São Paulo: Martins Fontes, 2001.

ROSA, Guimarães. *Grande sertão: veredas.* São Paulo: Nova Fronteira, 2001.

SACHS, Ignacy. *Desenvolvimento: includente, sustentável, sustentado.* Editora Garamond, 2004

SCHUMACHER, E. F. *Good Work.* Trad. Mauro M. de Oliveira Santos. Disponível no site www.ecooca.com.br (acessado em 2007).

_____. *O negócio é ser pequeno.* Rio de Janeiro: Zahar, 1983. 4ª ed.

_____. *Sobre uma tecnologia para uma sociedade democrática.* Palestra proferida em Caux (Suíça) em uma Conferência Internacional.

_____. *This I believe*. Devon: Green Books, 1997.

_____. *Um guia para os perplexos*. Portugal: Publicações Dom Quixote. 1ª ed.

SCOLNIK, Dra. Rosa; SCOLNIK, Dr. Jaime. *A mesa do vegetariano*. São Paulo: Pensamento, 1990.

SEN, Amartya. *Sobre ética e economia*. São Paulo: Companhia das Letras, 1999.

SENGE, Peter. *A quinta disciplina*. Rio de Janeiro: Best Seller, 2003.

SOUZA, Herbert de; RODRIGUES, Carla. *Ética*. São Paulo: Moderna, 1997.

SUNG, Jung Mo. *Deus numa economia sem coração*. São Paulo: Paulus, 1994.

TAPSCOTT, Don; TICCOL, David. *A empresa transparente*. São Paulo: M. Books, 2005.

VOS, Herman e VERVIER, J. H. *Utopia cristã e lógica econômica*. Rio de Janeiro: Vozes, 1997

WATTS, Philip et alii. *Cumprindo o prometido*. Rio de Janeiro: Campus-Elsevier, 2002.

WEIL, Pierre. *A nova ética*. Rio de Janeiro: Rosa dos Tempos, 1994. 2ª ed.

WILBER, Ken. *Espiritualidade integral*. São Paulo: Aleph, 2007. Para iniciar conhecimentos sobre este autor, aconselhamos a leitura de sua obra *A união da alma e dos sentidos* – São Paulo: Cultrix, 2006.

Sites Recomendados

www.ecooca.com.br

www.ethicalmarkets.com

www.ethos.org.br

www.gife.org.br

www.mercadoetico.com.br

www.nutriveg.com.br

www.practicalaction.org

www.projetoacte.com

www.reescrevendoaeducação.com.br

www.svb.org.br

www.uma.org.br

www.vegetarianismo.com.br